l'empire de la compassion

ISBN : 978-2-35088-039-6

paul audi

l'empire de la compassion

encre marine

I

QU'UN « CŒUR SEC » soit réputé l'ennemi du genre humain et que, à ce titre, il soit traité de monstrueux, de proprement *inhumain*, c'est ce dont un texte d'Emmanuel Levinas porte le plus franc témoignage. Ce texte va même jusqu'à faire de la compassion non seulement l'origine de la socialité, mais le grand événement humain, celui qui donne accès à « l'humanité » *par excellence*.

Au cours de l'un des tout derniers entretiens qu'il a accordés, Levinas affirmait en effet : « La socialité n'est pas simplement le fait que l'on est en nombre. Ce n'est pas la multiplicité humaine qui fait la socialité humaine, c'est une relation étrange qui commence dans la douleur, dans la mienne où je fais appel à l'autre, et dans la sienne qui me trouble, dans celle de l'autre qui ne m'est pas indifférente. C'est

J'APPRENDS LA MORT de mon meilleur ami. Je suis anéanti par le chagrin. Une connaissance que je rencontre par hasard m'indique que X, que je ne connais ni d'Ève ni d'Adam mais qui est son ami, a perdu, lui aussi, son meilleur ami. Tout de suite, sans attendre, d'aucuns diraient instinctivement, je compatis à sa douleur : j'en partage l'affection jusqu'à la meurtrissure. Et ce mouvement me rapproche, de fait, de celui qui n'est pourtant pas l'un de mes proches. Or, bien que je n'éprouve pas la douleur que X éprouve, la douleur que j'imagine alors être la sienne – à supposer que je l'imagine – me *touche*, et cette affection m'inspire aussitôt le respect. Ce respect, d'où vient-il ? Naît-il de l'emprise que la morale exerce sur ma conscience ?

Il est vrai que c'est de la loi morale que provient le respect, de même que c'est à l'endroit de la loi morale que le respect s'exerce.

l'amour de l'autre ou la compassion. [...] Le fait qu'autrui puisse compatir à la souffrance de l'autre est le grand événement humain, le grand événement ontologique. On n'a pas fini de s'étonner de cela ; c'est un signe de la folie humaine, inconnu des animaux[1]. »

De l'étonnement dont fait part Levinas, de cet étonnement qui, précise-t-il, n'est pas près de s'arrêter, tâchons ici de prolonger l'effet, si cet effet existe. Et pour ce faire, posons-nous la question de savoir ce qui fait la spécificité, sur le plan *ontologique* – ainsi que Levinas l'indique expressément –, de cette « particularité typiquement humaine »[2] qui est censée fonder à elle toute seule la sociabilité de l'homme – ou pour le dire de façon peut-être plus juste, son insociable sociabilité, selon le fameux mot de Kant. Demandons-nous plus exactement si la compassion est bien « un événement d'amour »[3] comme Levinas le prétend. Est-ce aimer que de « souffrir avec l'autre » ? Est-ce aimer que de « ne pas pouvoir regarder d'un cœur froid la

1. E. Levinas, « Une éthique de la souffrance », *Autrement*, série « Mutations », n° 142, février 1994, respectivement p. 133-134 et p. 135.

2. *Ibid.*, p. 134.

3. *Ibid.*, p. 135.

Mais la compassion est-elle une affaire de respect ? Est-ce que ne s'allume pas plutôt en elle la flamme du *concernement* ? La compassion ne met-elle pas en œuvre l'épreuve réelle d'un « être concerné » par l'autre, en raison de la souffrance qui est la sienne ? En admettant que compatir signifie : être concerné par l'autre en raison de sa souffrance, cet être-concerné se définirait alors de la façon suivante : être touché par ce que l'autre éprouve sans pour autant avoir à s'attacher à lui.

Certes, ma compassion s'exprime au travers du concernement que je porte à la tristesse de l'endeuillé – X en l'occurrence –, mais cet être-concerné résulte-t-il de ce que je sais déjà ce que c'est que de perdre un ami ?

L'expérience qui entraîne X à souffrir, il est vrai que je l'ai faite, moi aussi, et pourtant ce n'est pas cette expérience-là qui m'incite à la compassion. Cette expérience me permet tout au plus de mieux comprendre pourquoi l'endeuillé souffre. Mais ce n'est ni cette expérience ni le savoir qu'elle induit qui me poussent à prendre part à l'épreuve qui le consume. Je comprends bien les raisons qui le font souffrir : moi aussi j'ai subi la même vacuité, éprouvé la même absence, enduré la même cruelle

souffrance d'autrui » ? Sans doute éviterons-nous de nous demander si Levinas a eu raison de penser que « l'amour d'autrui *est* d'abord la souffrance pour la souffrance de l'autre »[1] : car cette question nous entraînerait immanquablement, et directement, sur le terrain de l'amour, ce qui n'est pas notre sujet. Mais compte tenu de ce trait d'union, voire d'équivalence, si souvent donné comme allant de soi, qui lie la compassion à l'amour, nous ne saurions prétendre nous intéresser au « souffrir avec l'autre » sans nous demander en même temps s'il est juste ou erroné de penser que la souffrance éprouvée au contact de la souffrance d'autrui représente en elle-même *une preuve*, sinon *un signe d'amour*.

Certes, la compassion est cette émotion qui nous étreint toujours, qui nous saisit immédiatement, spontanément, sans réfléchir, devant la souffrance, la peine, la douleur, le malheur de l'autre. Mais contrairement à ce qui se joue dans l'amour – à supposer que l'on admette, avec Vladimir Jankélévitch par exemple, que l'amour a pour essence de s'attacher non pas tant à l'autre qu'à l'*altérité* même de déchirure, vécu la même amputation abominable, moi aussi j'ai supporté le même sentiment torturant de ne plus pouvoir jouir de sa présence réelle ni partager avec lui, et grâce à elle, mes joies et mes peines, mes inquiétudes et mes souhaits ; et je n'ignore pas non plus le désespoir que provoque la sensation de l'irréversibilité des événements. Seulement la compréhension de ses raisons de souffrir définit une expérience intellectuelle, basée sur l'usage de la mémoire et l'exercice de l'imagination, tandis que la compassion se présente comme une expérience affective, strictement affective. Une expérience qui se produit toujours spontanément, ne serait-ce que parce qu'elle ne résulte d'aucune mise en parallèle, d'aucun exercice de comparaison, d'aucune réflexion préalable.

Est-elle cependant si immédiate que cela ? Qu'elle ne se fonde pas sur une réflexion préalable ne veut pas dire qu'elle n'a pas affaire à de la pensée. C'est même tout le contraire : une pensée lui est toujours secrètement liée, comme sa condition de possibilité.

En effet, je compatis à condition de penser que la souffrance de l'autre n'est pas la souffrance que j'imagine être la sienne. Qu'elle est sinon bien plus, du moins tout autre. L'imaginer

1. *Ibid.*

l'autre[1] –, le compatissant, quand il est le sujet de cette « relation étrange », ne se trouve jamais *aux prises avec un autre*, je veux dire avec ce qui fait de son « semblable » un *autre*, un être *différent* de lui – différent en raison de son apparence extérieure, ou de ses qualités intrinsèques, ou de son caractère personnel, ou bien de son appartenance ethnique, ou nationale, ou bien encore en raison de son état civil, de son statut professionnel, de ses convictions religieuses ou politiques, etc., bref, différent en raison de ce qui fait le lit de son *identité.* Car si, dans l'amour, nous faisons l'épreuve de la différence, d'une différence insurmontable, sans réserve ni relève, dans la compassion, en revanche, nous faisons l'expérience de la *similitude*.

1. « […] le pur amour aime la pure essence de l'autre en tant qu'autre, et non pas en tant que ceci et cela, et non pas en tant que virtuose ou champion d'endurance… C'est l'admiration qui admire ou estime "en-tant-que" ! L'amour, lui, n'a pas de *quatenus*. L'amour aime l'*altérité* de l'autre, laquelle n'est pas, à proprement parler, une "raison" d'aimer… » (V. Jankélévitch, *L'Irréversible et la nostalgie*, Paris, Flammarion, 1974, p. 45). Ce texte, que je me borne ici à citer, mérite de toute évidence un tout autre traitement que celui que je lui réserve, au seuil du présent ouvrage. Il en sera peut-être question ailleurs – de manière plus appropriée.

simplement et ainsi la mesurer, voire l'identifier en son intensité, reviendrait à la ramener aux expériences qui ont été les miennes, et ce serait réduire sa singularité (ou son altérité) à soi, à une image de soi forgée et réglée par soi. Or la compassion ne surgit que si l'on est aux prises avec l'*impénétrabilité* de toute souffrance, *a fortiori* avec l'impénétrabilité d'une souffrance qui n'est pas du tout la sienne, cette relation avec l'impénétrable – cette butée contre le mur du mal – étant la seule épreuve à la faveur de laquelle la souffrance de l'autre est susceptible de se donner à soi comme « réelle ».

La compassion est donc telle qu'avec elle la souffrance de l'autre se donne à moi, à chaque fois, *comme réelle*, c'est-à-dire : pas seulement sous la forme d'une représentation. Même si l'on n'éprouve pas ce que l'autre éprouve – cela est de fait impossible –, compatir n'en consiste pas moins à éprouver réellement que l'autre éprouve tout aussi réellement quelque chose. L'être qui compatit est même celui qui parvient à arracher la souffrance de l'autre à la sphère de la représentation. Comment ? D'une façon en apparence paradoxale : grâce à cette illustre faculté de représentation, de mensuration et d'estimation

Dans la compassion, ce n'est jamais à l'autre en tant qu'autre, à l'autre identifié dans son unicité et sa singularité, que nous avons affaire ; ce à quoi nous avons affaire, c'est à la vérité de son *pathos* – et à elle seule. Cette vérité a pour nom la *passibilité*. Tels sont, de fait, la souffrance, la jouissance, le sentiment en général, qu'ils se donnent chaque fois et chacun comme cette épreuve de soi, cette modalité affective de la subjectivité, en laquelle s'érige, en une passivité plus passive que toute passivité, non pas l'identité de l'individu vivant, mais l'être-soi, l'ipséité de son *sentiment de soi*. Et c'est ainsi que, s'il est bien au pouvoir de la compassion de mettre le compatissant en relation avec quelque chose (quoiqu'il s'agisse là d'un rapport sans rapport, d'un rapport immédiat et sans distance, car purement affectif), ce quelque chose n'est pas l'altérité de l'autre, mais son absolue passibilité.

Dans la compassion, le compatissant ne prend plus en compte ce qui relève, chez l'autre, de déterminations contingentes. Pas plus qu'il n'a affaire à ses qualités supposément intrinsèques (« identitaires »). C'est même dans la mesure où il n'entre pas en que l'on appelle la pensée. Dans la compassion la pensée exerce une fonction particulière : elle n'est pas là pour se figurer la souffrance d'autrui, mais, à l'inverse, pour la soustraire à toute figuration inconsidérée – ce qui s'appelle précisément la prendre en considération.

Si je dis « à l'inverse », c'est parce que « prendre en considération » veut dire ici : dissocier la représentation de la souffrance de l'autre *de* la réalité de cette souffrance, et cela afin que la souffrance de l'autre puisse apparaître au regard compatissant comme une modalité de la vie (de la vie de l'autre) et non comme un simple objet d'imagination (de l'imagination du compatissant). Grâce à cet effort de pensée, il n'est plus question que le compatissant prétende à souffrir comme l'autre souffre, il s'agit bien plutôt pour lui de considérer la souffrance de l'autre dans la distance que creuse l'esprit entre ce que lui-même ressent et ce qu'éprouve l'être pitoyable.

Il apparaît en conséquence que la compassion met au contact du secret abyssal de la souffrance de l'autre, donc en relation avec le fait que l'on n'y a aucune part, et que c'est précisément parce que l'on n'est pas soi-même le souffrant (le patient) que l'on a à

contact avec l'*identité* de l'autre, mais avec la seule ipséité du sentiment de souffrance ou de jouissance de soi qui le rive à lui-même, qui l'écrase même contre lui-même – pour autant du moins que l'on puisse caractériser ainsi son irrépressible « présence à soi » –, c'est dans cette mesure proprement affective, donc, que ce rapport immédiat (ce rapport sans rapport) ne se présente plus sous la forme d'un « simple » sentiment. La compassion est une *émotion*, une émotion *à part entière* ; une émotion qui ne saurait être qualifiée de dangereuse dans la mesure où, avant qu'il ne soit question de porter secours à l'autre ou de se détourner de sa souffrance, l'être pitoyable, en fait la *vulnérabilité* qui est la sienne et qui l'est par nature, c'est-à-dire la vulnérabilité qui est *celle de son essence*, de sa passibilité même, s'est déjà manifestée comme telle, faisant naître un concernement dans « l'âme » de l'être compatissant.

Ce concernement s'apparenterait-il à de l'amour ? En est-il une expression, sinon une preuve ? Est-ce sur ce concernement que l'on s'appuie pour faire de la compassion, comme Levinas, mais déjà comme Max Scheler, une modalité de s'y rapporter, sur le mode du partage, comme à une souffrance réelle, impossible à se figurer ou à se représenter.

❧ En raison et à la faveur d'une telle épreuve, le compatissant reçoit la révélation que sa différence d'avec l'autre tient à ce que la souffrance éprouvée par cet autre lui demeure à jamais impénétrable, qu'il est même tout entier rejeté hors d'elle ; plus encore : que l'autre se trouve, lui aussi, rejeté hors de sa propre souffrance, parce qu'il n'a pas la capacité, lui qui pourtant l'éprouve bel et bien, d'en maîtriser la manifestation au gré de sa volonté, puisque la souffrance s'est toujours déjà emparée de sa *chair* avant que la volonté (ou toute forme de souveraineté) ait pu décider quoi que ce soit quant au « destin » de celle-ci. La souffrance dispose toujours de soi (de la chair pathétique où elle s'incarne) avant que la conscience de soi ne songe à prendre position par rapport à elle, c'est-à-dire à la prendre pour le terme de sa visée – non pas certes dans sa réalité charnelle et pathétique, mais dans la configuration de sa « signification ».

❧ Même si je n'ai guère l'occasion de le soulager ni de le consoler de sa douleur, je ne me sens

l'amour ? Même s'il est sans conteste un geste d'affection, force ne nous est-elle pas de reconnaître que la compassion n'a rien d'un geste d'amour à proprement parler ? Qu'est-ce qui nous incite à l'affirmer ?

Il est vrai : la compassion se porte au secours d'autrui ; il est vrai qu'elle veut même, d'une certaine manière, comme l'indique Schopenhauer, le bien-être d'autrui (en ce sens la compassion pourrait inclure dans son orbe, comme certains de ses modes, la générosité, la magnanimité et la miséricorde)[1]. Et cela tant et si bien que si, à la suite d'une longue tradition, on décide de définir l'amour comme un *velle bonum alicui* (« vouloir le bien de l'autre »), on pourrait seulement en déduire que dans la compassion il entre toujours une part d'amour. Et pourtant, cet amour compassionnel, si tant est qu'il existe, n'aurait-il pas ceci de particulier qu'il ne ferait à aucun moment l'expérience de l'*altérité* d'autrui, de sa différence absolue, de son incommensurabilité par pas moins d'emblée concerné par le sort de l'autre qui a mal. Certes, dans la mesure où X est pour moi un inconnu, ma compassion demeurera minimale dans son expression même. Et si l'endeuillé avait été un intime, je me serais sans doute retrouvé à pleurer à ses côtés ; sa douleur m'aurait probablement atteint en plein cœur. Mais pourquoi justement m'aurait-elle touché avec autant d'intensité ? Parce que, dans ce cas précis, ce qui vient pour ainsi dire s'ajouter à l'élan de la compassion, c'est l'affection que je porte à celui vers qui ma compassion se porte. C'est le sentiment d'*amitié* que j'ai pour lui qui, dans la mesure exacte où son existence « précède » ma connaissance de l'épreuve qu'il endure, tout à la fois redouble le sentiment de compassion que j'éprouve à l'occasion et le rend plus vif encore.

❧ Est-ce pourtant à la *douleur* d'autrui qu'il m'arrive de compatir ? Comment se fait-il que, dans ce « partage » appelé compassion, je me « rapporte » à sa douleur en particulier, à la teneur singulière de cette douleur, à son intonation propre, alors que par définition celle-ci m'est inaccessible ? Ce qui me touche profondément, que je m'en défende ou non, n'est-ce pas plutôt le *seul*

1. Cf. A. Schopenhauer, *Les Deux Problèmes fondamentaux de l'éthique : Sur le fondement de la morale*, § 16, trad. Ch. Sommer, Paris, Gallimard, « Folio essais », 2009, p. 339.

rapport à tout autre ? Et si l'on répondait à cette question par l'affirmative, qu'en serait-il alors de cet amour ? Ce mot, serait-il encore opportun de l'employer ?

Pas si opportun, semble-t-il, si la compassion est bien, comme on l'a entrevu, ce qui ne se rapporte qu'au « même » dans l'autre – soit : à ce qui dans l'autre est encore semblable à soi –, et jamais à ce qui en cet autre relève d'une différence radicale et comme telle insurmontable. D'où la thèse que je formulerais ainsi : l'amour et la compassion sont deux gestes d'affection, mais tandis que l'amour est ce geste d'affection (et cette tentative éternellement inaboutie d'appropriation) qui fait de l'expérience de l'*altérité* d'autrui son terrain d'élection, la compassion est ce geste d'affection qui prend appui sur l'expérience de la *similitude* de l'autre. Je dirais d'ailleurs aussi bien que si l'amour peut être inégalitaire, voire injuste, la compassion, elle, est forcément égalitaire, et c'est pourquoi elle se montre toujours *juste*[1].

Cette justice est ancrée dans l'expérience de la similitude. La *fait* qu'il souffre, ce fait *nu, abrupt et simple* qu'il lui arrive, ici maintenant, d'éprouver de la douleur, quelle que soit la manière dont il l'éprouve ?

Le seul fait de souffrir, indépendamment de la « couleur », pâle ou vive, que la douleur revêt : n'est-ce pas là, en effet, ce que j'ai en commun avec le patient – et cela pour ainsi dire par nature ? Et n'est-ce pas à ce que je puis avoir *a priori* de commun avec lui, et nullement à ce qui lui est à la fois le plus particulier et le plus intime et qui me demeurera, pour cette raison suffisante, à jamais inconnu, n'est-ce pas à cela, et à cela uniquement, qu'il m'est donné de pouvoir m'« identifier » ?

❧ On présente généralement la compassion comme une certaine identification affective. En quoi est-ce le cas ? Dans la relation de compassion, il n'est pas vrai que je m'identifie à la douleur de l'autre, dans la singularité de sa tonalité affective. Car ce à quoi en compatissant j'ai affaire, c'est à la seule *vulnérabilité* de l'autre, à sa vulnérabilité *foncière, invincible, insurmontable.*

En effet, compatir aux malheurs de l'autre, à des malheurs autres, cela revient à reconnaître la chose suivante : en prenant

1. Ici une question se pose : est-on certain que la justice doive être conçue (comme la conçoit par exemple Jacques Derrida) comme « l'expérience de l'altérité absolue » ou (selon Levinas, dont Derrida lui-même se réclame)

compassion – non la compassion effective, l'exercice de la compassion qui se manifeste par la répugnance connaissance de cette autre souffrance, en prenant acte et ainsi part à la souffrance d'un autre, j'en ressens la vulnérabilité même et, par ce contact qui exige de moi que je fasse preuve de tact, je m'aperçois immédiatement de ceci : que cette sienne vulnérabilité n'est autre que la mienne. Elle n'est pas comme la mienne, elle *est* la mienne. Sa vulnérabilité et la mienne sont une seule et même et unique vulnérabilité.

Dans l'économie de la compassion, c'est la vulnérabilité qui s'offre comme l'ultime objet du « concernement ».

Au travers de la compassion se révèle le fait que l'autre et moi sommes *semblables* sous le rapport de cette vulnérabilité *unique* à laquelle notre corps de chair constamment nous expose. À travers cette émotion se révèle donc aussi l'*impouvoir* qui est irréductiblement le nôtre à l'égard de ce *pathos* – Jouir, Souffrir – qui fait l'essentiel de notre comportement et de notre tenue dans la vie.

Quand bien même nous en aurions la garde chacun séparément, cette vulnérabilité commune mais unique, cette passibilité charnelle est ce qui fonde le Principe Solidarité.

J'entends pousser un cri : « Aïe ! ». Ce cri ne signifie pas :

comme la dimension dans laquelle Autrui « nous affecte [...] en tant qu'autre, indépendant de nous, [...] ressurgissant absolu » (voir, de J. Derrida, *Force de loi*, Paris, Galilée, 1994, p. 61) ? N'est-ce pas là confier à la *justice* une des prérogatives de l'*amour* — de cet amour dont on peut présumer qu'il nomme, lui, la seule expérience de l'altérité absolue à laquelle nous puissions prendre part, c'est-à-dire, pour l'exprimer dans les termes de Derrida (qui les reprend d'ailleurs lui-même à Levinas), « la venue de l'autre comme singularité toujours autre » (*ibid.*, p. 55) ?
En règle générale, ne vaut-il pas mieux distinguer le concept de la justice du concept de l'amour, comme toute éthique digne de ce nom s'est toujours proposée de le faire ? Et marquer en conséquence que la différence des deux, si jamais elle existe, tient d'abord, et peut-être même surtout, au fait que le concept de la justice est un concept *négatif* – justiciable d'une détermination *apophatique*, comme « Dieu » dans la théologie négative –, alors que le concept de l'amour est, et demeure en tout dernier ressort, un concept *positif* ? Enfin, comment s'assurer que l'accueil du visage de l'autre se fasse avec « droiture » ? N'y a-t-il pas lieu de penser que l'amour peut être *injuste* comme il peut aussi parfaitement être juste ?
La justice en effet, si elle permet à coup sûr de fixer la convention et de renforcer la loi, ne saurait se réduire à une fonction d'*instauration*, comme on le croit malheureusement trop souvent, car, en vérité, la dimension qui est la sienne n'est autre celle d'un *horizon de justification du droit que toute fixation de la loi ne fait jamais que reculer*. C'est dire que par justice, nous ne devrions pas entendre le seul règne du droit. Du droit, la justice n'est que l'horizon de légitimation, un horizon qui n'appartient pas lui-même à la sphère du droit, et

à voir souffrir autrui et le geste de lui porter secours, mais la *possibilité même* de la compassion – révèle à soi la communauté pathétique originelle des êtres vivants telle qu'elle existe à leur insu. Or, dans cette communauté de vivants, un semblable n'est absolument pas un autre. Est semblable celui qui est pareil sans être identique, mais aussi celui qui est unique sans être exemplaire. En tout cas, cette similitude-là est celle qui fera dire,

ce quand même il permettrait, par sa visée téléologique, à la fois de *faire* le droit, de *dire* le droit, mais aussi, et surtout, de le *défaire*, de *revenir sur* lui, voire de le *contredire* selon ce perpétuel *ajustement jurisprudentiel* où, au-delà de la légitimation de la loi, on reconnaît communément l'œuvre de la « justice ». Or, parce que la loi n'est pas la justice, parce que la « justice » *de la loi* est *non juste* par définition, parce que la justesse du droit doit toujours être *ajustée* en fonction des cas jugés, pour toutes ces raisons qui dans le fond n'en font qu'une, ce qui œuvre au redressement du droit (ce qui le corrige en vertu de sa perfectibilité même) est la « jurisprudence ».

Quant à l'écrasement de la justice sur le droit, quant à l'effacement de l'écart entre les deux, il sonne bien sûr, chaque fois qu'il se produit, le glas de la liberté humaine, sans compter qu'il fait disparaître du même coup la vérité, cette vérité qui est toujours une affaire d'*ajustement,* ce qui veut dire que la vérité elle-même suppose de tenir sa mesure de la justice et de sa manifestation légale : la jurisprudence. Il y a d'ailleurs *jurisprudence* – procédure jurisprudentielle : acte de prudence et visée de justice – dans toute pensée qui se préoccupe d'établir une quelconque *vérité*.

« À l'aide ! » Mais la compassion est là pour le lui faire dire. La compassion commence quand on entend « À l'aide ! » dans, sous ou derrière « Aïe ! ». Et cela même s'il n'était pas du tout dans les intentions de l'être souffrant qui profère ce cri d'appeler au secours. La compassion est cette étrange *entente* qui supplante l'écoute, puisqu'elle transforme le dire de la souffrance en appel. Avant même d'écouter le cri de la douleur, j'entends l'appel à l'aide. Cette *précédence* fait dire à certains qu'il existe des natures compatissantes comme il en est d'autres qui ne le sont pas, les premières entendant l'appel dans l'écoute même du cri, ce à quoi les secondes demeurent sourdes. Ainsi la compassion brise-t-elle le cercle de l'affection qui se tourne et se retourne toujours sur elle-même, elle la soustrait à son intimité essentielle et elle l'expose au-dehors, là où elle s'offre à recevoir une signification. Violence de la compassion en ce qu'elle se mêle de ce qui ne la regarde pas. Mais violence peut-être salutaire, étant donné qu'elle ouvre l'affection souffrante sur ce qu'elle n'est pas, sur l'autre d'elle-même. Plus exactement, elle la dispose au temps – à ce temps de l'autre où le « sens » émerge. Et par cette brisure-là, par cette

par exemple, à un Victor Hugo, dans une formule extraite de sa préface aux *Contemplations* mais qui pourrait très bien servir de préambule à la totalité de son œuvre littéraire (à moins qu'il ne s'agisse là, dans le fond, peut-être, que du présupposé sur lequel se fonde toute possible *littérature*) : « Lorsque je parle de moi, je parle de vous. Comment ne le sentez-vous pas ? Ah ! insensé, qui crois que je ne suis pas toi ! ». C'est cette même similitude qui conduira aussi – autre exemple – un Schopenhauer à reprendre à son compte la grande parole des *Upanishad* : *Tat tvam asi* (« Cela, tu l'es aussi »), et ce parce que, si l'on en croit ce philosophe, elle exprimerait mieux qu'aucune autre le fait, comme tel irréductible, que « mon véritable être intime (*mein wahres inneres Wesen*) existe dans tout ce qui vit aussi immédiatement qu'il se révèle à moi dans ma propre conscience »[1].

Est-ce à dire qu'il est possible de rendre justice à la vie même de « tout ce qui vit » sur ce plan de la grâce, du « faire grâce », de la merci effraction et ce fracas, voilà que l'anneau se fait soudain crochet.

❧ Un être que l'on peut qualifier d'humain, non pas bien sûr au sens où il appartient au genre humain, mais au sens où il fait montre d'« humanité », cet être n'est pas seulement conscient de la vulnérabilité de son être, il l'est aussi de la vulnérabilité de tout être vivant, en tant qu'il est vivant.

Et c'est bien parce que nous tous avons en partage et en souci la vulnérabilité du fait de vivre, partant l'exposition de notre être à l'affectivité de la chair, que la compassion peut être définie comme l'expérience de la *similitude*. En effet, ce qui se révèle être en jeu dans la compassion, ce n'est jamais l'autre en tant qu'autre. Dans ce sentiment, justement, l'autre revient toujours au même.

Qu'est-ce à dire ? Que la compassion traverse l'altérité de l'autre – en tout cas, elle ne s'y arrête pas, ce qui l'éloigne peut-être de l'amour – en direction de sa finitude révélée, découverte au travers son exposition à la souffrance. Telle est du reste la raison pour laquelle la compassion paraît à quelques-uns parfois humiliante et, par là même, odieuse.

❧ Ce n'est pas l'autre *comme tel* qui intéresse le compatissant,

1. Cf. A. Schopenhauer, *Les Deux problèmes fondamentaux de l'éthique*, § 22, *op. cit.*, p. 421 (trad. modifiée).

(*mercy*), où s'accomplit, dans l'embarras de la pudeur, le sentiment compassionnel (*pity*) ? Rendre justice à la vie ne devrait-il pas consister à faire grâce à l'autre *de son altérité* ? Et si oui, faut-il alors que cette justice, qu'il s'agirait de rendre à la vie, soit forcément une affaire d'amour, un événement d'amour, le sceau même de ce « grand amour » dont Nietzsche appelait l'invention de ses vœux ?

Nul ne l'ignore : on associe bien plus souvent compassion et charité que compassion et justice. On fait même de la charité une modalité de la compassion, ou de la compassion une modalité de la charité. Et pourtant, dans les deux cas, il est fort probable que l'on manque la distance de la compassion à l'amour. On rate cette distance quand on rabat l'autre sur *autrui* et que l'on appréhende « l'autre *que* moi » comme « l'autre *de* moi ». Or qu'est-ce que l'amour, d'abord et avant tout, si ce n'est l'épreuve que le « moi » fait de l'altérité même de l'autre ? Qu'est-ce que l'amour, s'il ne se contredit pas quand il n'émancipe pas l'autre de la mainmise du Même ? Il n'empêche : ne rend-on pas justice à l'autre en lui faisant grâce non de son altérité c'est ce dont l'autre témoigne quand il témoigne de ce qu'il se sent être : un être passible, et parce que passible, vulnérable, et parce que vulnérable, fini. Pourtant, c'est à la douleur que je compatis, non à la joie. À quoi tient ce privilège ? Au fait que la joie accompagne l'expérience de la force et non celle de la faiblesse, et que dans la compassion ce n'est pas à la force que l'on a affaire mais à la seule faiblesse.

Du coup, est-ce parce que l'on y a toujours affaire à de la faiblesse que certains jugent que la compassion est elle-même une faiblesse ?

☙ Outre qu'elle n'est jamais complaisante envers la souffrance d'autrui, la compassion jette sur celle-ci le voile de la pudeur. Si l'on a pu parler de « l'impudeur de l'affect », c'est seulement parce que celui-ci est sans masque, ou sans voile, du moins tant qu'il n'a pas été placé sous la tutelle (ou la relève) du *sens*. Et cependant, avant que la compassion ne s'y porte, la souffrance n'a rien d'impudique. Elle n'est que ce qu'elle est, que le *pathos* qu'elle donne à éprouver, un *pathos* qui n'est autre que ce qui se donne à éprouver.

Il appartient à la compassion de marquer la souffrance du sceau de l'impudeur, en jetant

seulement, mais du *Soi* qu'il est, c'est-à-dire de cette ipséité de la « présence à soi » dont, en vertu de sa vulnérabilité même, il ne peut faire autrement que se sentir responsable bon gré mal gré, et ce alors même qu'il n'en est guère lui-même à l'origine ? N'est-ce pas du reste en ce sens qu'il semble admis qu'il est fort légitime de se dire qu'il est juste, toujours juste, et absolument juste, de faire preuve de compassion ?

Veillant à dégager « le sens de tout [son] propos » mis au service de la gloire de l'autre, Levinas déclarait que pour lui, la vérité « suppose la justice »[1]. Mais de quelle justice s'agit-il ? La chose, chez lui, ne fait aucun doute : par justice il faut entendre cette « droiture de l'accueil faite au visage » que Levinas introduisait alors en ces termes : « Nous nous opposons [...] radicalement [...] à Heidegger qui subordonne à l'ontologie le rapport à Autrui [...], au lieu de *voir dans la justice et l'injustice un accès originel à Autrui, par-delà toute ontologie*. [...] C'est cette manière d'accueillir un étant absolu que nous découvrons dans la justice et

1. E. Levinas, *Totalité et infini. Essai sur l'extériorité*, La Haye, M. Nijhoff, 1984, p. 62.

précisément sur elle un voile de pudeur. Ainsi il arrive qu'elle fasse honte à la souffrance de la souffrance qu'elle est, honte à la souffrance de cette nudité qui la livre chaque fois à elle-même. Car c'est cette nudité, somme toute, qui horrifie.

Disons la chose autrement : quand la compassion se porte sur la souffrance, alors de la chair où elle prend corps, la souffrance est transportée en dehors de soi, hors de chez elle par conséquent, c'est-à-dire hors de son intimité constitutive, ailleurs que dans son affectivité a-signifiante (ce qui ne veut pas : non significative). L'acte de compatir transporte la souffrance de l'autre et la pose dans le regard que l'on jette sur elle, dans la vision que l'on en prend, dans le spectacle dans lequel on l'introduit. Il s'agit là, à coup sûr, d'une violence réelle – la deuxième. Une violence qui explique d'une certaine façon la gêne ou l'embarras que la compassion provoque chaque fois chez le compatissant, et cela quand bien même elle s'y exercerait avec le plus de sincérité possible. Quand on compatit, ce dont on a honte immanquablement, c'est de faire violence à la souffrance de l'autre en la posant à l'extérieur d'elle-même, hors de la sphère indicible de son *pathos*.

l'injustice et qu'effectue le discours, essentiellement enseignement. [...] Mais nous voulons montrer comment en partant du savoir identifié avec la thématisation, la vérité de ce savoir ramène à *la relation avec autrui – c'est-à-dire la justice.* Car le sens de tout notre propos consiste à contester l'indéracinable conviction de toute philosophie que la connaissance objective est l'ultime relation de la transcendance, qu'Autrui – et fût-il différent des choses – doit être objectivement connu, même si sa liberté devait décevoir cette nostalgie de la connaissance. Le sens de tout notre propos consiste à affirmer non pas qu'autrui échappe à tout jamais au savoir, mais qu'il n'y a aucun sens à parler ici de connaissance ou d'ignorance, car la justice, la transcendance par excellence et condition du savoir n'est nullement, comme on le voudrait, une noèse corrélative d'un noème[1]. »

D'où Levinas tire-t-il donc l'idée *contre laquelle il déclare expressément vouloir s'inscrire en faux*, à savoir cette idée selon laquelle la relation avec Autrui – « c'est-à-dire la justice » – serait une relation noético-

1. *Ibid.*, p. 61-62.

❧ L'on stigmatise trop souvent la compassion, parce qu'il faut – telle est l'essence du devoir moral – rendre justice à l'autre de sa différence d'avec soi. Or, avec la compassion, une telle justice n'est pas de mise. On peut voir dans cette absence une troisième violence. En tout cas, il arrive que, sachant cette injustice, l'on aille jusqu'à incriminer la compassion de ne pas être ce qu'elle prétend être, à savoir un acte authentiquement « altruiste ».

❧ Le regard qui, prenant pour objet la compassion, se trompe sur ce qu'elle est, est celui qui l'assimile à de l'amour. Or si l'amour se soutient d'être un attachement à l'autre non pas en tant qu'il est un semblable mais en tant qu'il est tout autre, alors, dans ce cas, compatir n'a rien d'un acte d'amour. D'ailleurs, la compassion peut s'exercer envers une multitude, alors que l'amour, lui, s'affirme comme radicalement exclusif.

La question peut se poser en ces termes : s'il est possible que j'éprouve de la compassion envers un *peuple* persécuté, puis-je éprouver de l'amour à son égard ? Je puis sans doute lui témoigner de l'amitié, mais de l'amour ?

noématique ? Il la tient de Husserl. C'est en effet à l'intersubjectivité husserlienne que Levinas entend s'opposer ici. Pour Husserl, l'intersubjectivité se caractérise par l'appréhension du *sens de l'autre*, c'est-à-dire comme un « se rapporter à autrui » par la saisie et l'appropriation du sens de son altérité – en tant qu'*alter ego*. Plus exactement, c'est de l'échec de la cinquième *Méditation cartésienne* de Husserl que Levinas est parti pour poser la question de l'autre. C'est que l'autre, pour Levinas, n'annonce justement aucun sens ; il ne se livre pas à une donation de sens : il ne se révèle pas comme sens par le truchement d'une conscience intentionnelle. L'autre est au contraire non-sens – pour autant qu'il n'est pas intégrable au *Même*. Autant dire qu'« autrui » ne se constitue pas en *autre* – il n'a rien d'un *tout autre* – tant qu'une similitude transcendantale lui confère un certain *sens*.

Or, dans la compassion, un sens est toujours donné à l'autre, et c'est par là que l'autre se trouve réduit au même. Le sens donné à l'autre, c'est d'être un *semblable*. La compassion se soutient du sens de l'autre en tant qu'il est un semblable – et non pas un *tout autre*. Telle est la

Sans doute pourrait-on dire : l'amour est un sentiment plus intensif que compréhensif, alors que la compassion est un sentiment « généreux ». Mais pourquoi ? Seulement parce que dans la compassion l'altérité de l'autre est toujours comme telle, et depuis la butée qu'elle présente, dépassée. L'altérité de l'autre n'y est pas prise en compte dans la mesure où l'on touche là à ce par quoi cet autre est *soi*, est présent à lui-même et identique à cette présence ; or ce par quoi il est soi, présent à soi et identique à cette présence n'est autre que cette *vie* dont il ne laisse pas d'éprouver la présence – le « présent » – dans le tréfonds de sa chair, comme sa demeure même, sous la forme d'un sentiment jouissant ou souffrant de soi-même. En revanche, dans l'amour, l'autre n'est pas « traversé » jusqu'à ce que l'on atteigne à sa vulnérabilité ; l'autre fait mur de son altérité. D'aucuns ont soutenu l'idée qu'il y a dans tout « faire l'amour » un faire l'« *amur* », dû à ce que l'altérité de l'autre dresse toujours un obstacle à la possession.

❧ Pour autant, la compassion est toujours susceptible de s'adjoindre ou de faire escorte à l'amour. Mais alors, dans ce cas, au sentiment qui vise la seule

principale raison pour laquelle l'éthique de Levinas ne s'occupe jamais (ou *presque* jamais) de *thématiser* la compassion. Et s'il arrive tout de même à Levinas de parler de ce phénomène – ce qui, de fait, est rarissime –, alors l'auteur qui s'autorise à s'exprimer à ce sujet n'est pas tout à fait le Levinas des « grands » livres. Je veux dire par là qu'en valorisant la compassion sur le plan de l'éthique – et ce alors qu'elle n'occupe que le plan de l'ontologie, dans sa différence d'avec celui de l'éthique –, Levinas a pris le risque de renouer avec la problématique husserlienne de l'intersubjectivité, une problématique qu'il avait justement choisie pour cible afin de repenser de fond en comble la spécificité de l'éthique[1].

1. Il existe en effet un Levinas *husserlien* qui resurgit ici ou là, de temps à autre, comme dans l'entretien intitulé « Une éthique de la souffrance », où il est tant question de compassion. Certes, il ne faut pas minimiser le fait que Levinas ait cherché, à la faveur de cet entretien tardif, à mettre l'accent sur cette relation à la douleur d'autrui. Mais cela ne pouvait se faire que de façon marginale. Jamais, en effet, Levinas n'en a parlé dans ses grands livres de « philosophie première » (où le rapport à l'*obligation* est exploré dans toutes ses facettes). Il faut en outre tenir compte du fait que cet entretien est tardif, même s'il n'exprime en aucun cas le dernier état de sa pensée (si étrange que cela puisse paraître, ses propos révèlent même plutôt un des premiers

altérité de l'autre viendra s'ajouter un tout autre sentiment, celui qui s'attache à sa vulnérabilité.

Et à l'inverse, peut parfaitement s'adjoindre à la compassion l'amour porté à l'autre. C'est d'ailleurs cette adjonction qui peut la rendre particulièrement *vive*. Car alors, ce qui entre en jeu, ce n'est pas seulement le rapport à la finitude mais le rapport à la *singularité* de l'autre.

D'où cette autre question : est-il possible d'aimer en mettant de côté toute compassion ? Peut-on aimer – soi ou un autre – sans *souffrir* sa vulnérabilité ?

Le fait est que l'on peut compatir sans aimer : on peut souffrir la vulnérabilité – puisqu'on la « partage » *de fait* – sans éprouver de l'amour. C'est ainsi que je peux ressentir de la compassion pour un inconnu qui souffre alors que sa personne m'indiffère complètement. En revanche, m'arriverait-il d'aimer ce même inconnu si sa personne m'indifférait complètement ?

❧ Que dans la compassion je me découvre, au sens où je me retrouve comme renvoyé à ma propre finitude, une finitude dont la révélation alors m'émeut, cela ne fait pas de ce sentiment, en apparence altruiste, un sentiment égocentré.

On se gardera donc bien de conclure, comme l'ont fait pourtant un certain Levinas et de très nombreux penseurs avant et après lui, à l'équivalence de la compassion et de « l'amour de l'autre »[1]. On s'en défendra d'autant plus que *la compassion n'est pas un signe d'amour, de l'amour de l'autre en tant qu'il est un autre, en tant qu'il est tout autre ; non : la compassion, c'est bien plutôt un signe de vie et de la vie, un signe qui résulte de l'attachement du vivant à la vie. La compassion est tout à fait cela : une extension, une expansion, un prolongement de l'amour de soi propre à la vie et constitutif du Soi lui-même.* C'est là en effet toute sa grâce, mais c'est là aussi que réside sa limite, sa finitude, son inamissible point de butée.

Car, à bien y réfléchir, il apparaît que c'est dans cette *absence d'expérience* de l'altérité de l'autre – une altérité, par ailleurs, possiblement monstrueuse – que prennent

états de cette pensée...). Enfin, il importe aussi de se rappeler que Levinas ne fait jamais là que répondre à la question de son interlocuteur, si bien que la question de la compassion n'est pas celle qu'il aura décidé, lui, d'aborder — ce qui revient à dire qu'il livre ici une réponse à peine levinassienne à une question non-levinassienne.

1. E. Levinas, « Une éthique de la souffrance », *op. cit.*, 134.

Pas égoïste non plus : car ce n'est guère mon *intérêt* que je poursuis dans ce partage, bien que je puisse me dire, à l'occasion, que je ne suis pas le seul être à être vulnérable. Ce que la compassion me révèle donc, c'est *l'universalité* de la passibilité, c'est que nous sommes tous les mêmes sous le rapport, comme tel fragilisant, du « souffrir ». Que nous avons donc en commun et ainsi en partage non pas la même souffrance, ni les mêmes raisons de souffrir, mais la même aptitude à l'éprouver quand cette souffrance arrive et nous frappe, nous rendant alors plus faibles ou plus forts que nous ne l'étions avant l'épreuve subie.

❧ On estime parfois que la force de l'égoïsme suffit à inhiber le pouvoir d'identification qui sert de *conditio sine qua non* à cette impérieuse participation que certains appellent sympathie et d'autres empathie. En tout cas, que de l'égoïsme à la dureté la conséquence soit bonne, cela paraît aller de soi. Et cependant, l'on peut bien s'interroger : l'égoïsme en l'homme aura-t-il jamais le dernier mot ? Et est-ce à lui que revient à chaque fois le premier ? Sur l'humanité de l'homme l'égoïsme doit-il toujours prendre le dessus ? Les mêmes estiment aussi

toujours leur source toutes les critiques de la compassion qui l'assimilent soit à de l'égoïsme, soit à du mépris. Or la compassion est loin d'être un égoïsme, étant donné que son origine, l'amour de soi, n'en est pas un. La compassion n'est pas davantage assimilable à du mépris, dans la mesure où, en dépit de l'angoisse qu'elle engendre, elle se soutient de se rendre attentive, pour ne pas dire plus, c'est-à-dire vigilante et secourable, à la *vulnérabilité essentielle de la vie* (plus encore qu'à celle du Soi lui-même).

Sans doute la compassion aurait-elle été une figure de l'*égoïsme* si elle pouvait *ne pas* se confondre avec la révélation de la vulnérabilité comme essence de la vie. Figure de l'égoïsme, elle l'aurait été également si, tout en étant un rapport à la passibilité de l'être vivant, tout en visant, derrière la perception affective de la souffrance de l'autre, la passivité radicale qui donne cette souffrance à elle-même, elle ne rejetait pas chaque fois le compatissant contre lui-même et ne le rivait pas ainsi à l'affectivité qui est la sienne – rejet ou rattachement qui ne manque jamais de l'installer plus ou moins durablement *dans l'angoisse*.

que l'égoïsme est dû à une impossibilité de faire abstraction de soi. Or, n'est-ce pas tout le contraire ?

Si l'on admet que le véritable égoïsme consiste à rechercher en toutes circonstances son intérêt, n'est-il pas alors de son intérêt de faire abstraction de soi, s'il est vrai que le « moi » est toujours à soi-même une source de tourments dans la mesure même où, pour lui, être soi veut dire : ne jamais cesser de *buter contre soi* ? Le « moi » n'a-t-il pas intérêt à chercher à se détourner de ce *Soi* vers lequel il ne cesse de vouloir se dépasser et contre lequel aussi bien il ne cesse de buter, pour autant qu'il lui faut être chaque fois *celui-ci* et pas un autre ?

L'être qui sait, pour peu qu'il le ressente, qu'il lui est impossible de se dérober à la passibilité qui le constitue dans son être charnel, se rend au moins capable de compassion. Mais celui qui, pour se préserver de toute souffrance, c'est-à-dire par égoïsme, s'efforce de fuir l'affectivité qui est la sienne, la passibilité qui le constitue dans son être charnel, et ce malgré qu'il en ait, celui qui fait cela, ou pour mieux dire qui tente seulement le faire, celui-là se soustrait par là même à l'épreuve de la compassion.

De la compassion, il demeure cependant que l'usage est des plus délicats. La compassion exige chaque fois de la pudeur, du tact, le respect du secret, elle requiert en un mot de la *considération*, car il lui appartient de pouvoir couvrir de honte tous ceux à qui la vulnérabilité essentielle de la vie pourrait faire honte. Dans ces conditions, l'acte de compatir ne commanderait-il pas à chaque fois et à chacun de faire sien la déclaration suivante de Nietzsche : « S'il faut que je sois compatissant, je ne veux au moins pas que l'on dise que je le suis ; et quand je le suis, que ce soit à distance seulement[1] » ?

Il y a là comme une loi : se ferme à la compassion tout être qui voit dans l'impossibilité de se dérober à la passibilité de l'affectivité une marque d'impuissance ou d'insuffisance et qui se dresse alors, orgueilleusement, mais tout aussi égoïstement, contre elle.

Si son effet est bien d'inhiber la compassion et d'empêcher sa conséquence immédiate, à savoir le secours apporté à l'autre en raison de sa souffrance, n'y aurait-il pas alors, dans le mouvement d'effroi et de recul provoqué en l'homme par la prise de conscience de son impouvoir fondamental, identique à sa finitude, quelque chose de diabolique ?

1. F. Nietzsche, *Ainsi parlait Zarathoustra,* II, « Des compatissants », trad. H. Albert, révisée par J. Lacoste, *Œuvres* II, éd. J. Le Rider et J. Lacoste, Paris, Robert Laffont, « Bouquins », 1993, p. 350.

II

Voici, pour commencer, la note que Stefan Zweig a rédigée pour servir de prologue à l'un de ses plus fameux romans, *La Pitié dangereuse* : « Il y a deux sortes de pitié. L'une, molle et sentimentale, qui n'est en réalité que l'impatience du cœur de se débarrasser au plus vite de la pénible émotion qui vous étreint devant la souffrance d'autrui, qui n'est pas du tout la compassion, mais un mouvement instinctif de défense de l'âme contre la souffrance étrangère. Et l'autre, la seule qui compte, la pitié non sentimentale mais créatrice, qui sait ce qu'elle veut et est décidée à persévérer jusqu'à l'extrême limite des forces humaines[1]. »

Existerait-il donc vraiment, comme le soutient le romancier autrichien, *deux* modalités de ce « signe de la folie humaine » (j'en emprunte l'expression à Emmanuel Levinas) que l'on appelle indifféremment *pitié* ou *compassion* : l'une, censée être positive parce que non sentimentale et créatrice, l'autre, négative parce que molle et sentimentale ? Ou bien n'y en a-t-il qu'une seule, comme le pense du reste toute une tradition de pensée qui, associant pitié à commisération dans une même réprobation, trouve son point d'aboutissement le plus cohérent et le plus incisif dans la philosophie de

1. S. Zweig, *La Pitié dangereuse*, trad. A. Hella, Paris, Grasset, 1939, p. 9.

Nietzsche, sous la forme du mot d'ordre lancé par Zarathoustra dans le Livre III d'*Ainsi parlait Zarathoustra* : « Soyez durs ! » ?

La pitié se diviserait-elle en deux genres : une pitié équivalant à la compassion véritable, et une pitié n'ayant aucun rapport avec elle ? La seconde, synonyme de commisération, serait égoïste, condescendante, pusillanime ; la première au contraire, altruiste, égalitaire, magnanime. En vérité, si je m'appuie sur une remarque de Stefan Zweig et que je prends la liberté de la citer pour entrer en matière, c'est d'abord parce qu'il me paraît juste – juste envers le *phénomène* de la compassion – de reconnaître que ce n'est pas ce phénomène, ce n'est pas la pitié, ou une *certaine* pitié proche de l'apitoiement ou d'une mansuétude hypocrite, qu'il faudrait qualifier de *dangereuse*, mais que ce qui est dangereux, bel et bien dangereux, absolument dangereux, c'est d'être en tant qu'homme dénué de toute compassion, avec le corollaire que cette « privation » induit, à savoir que l'on ne compterait plus que sur la seule force de la loi et la seule loi de la force pour contenir la *violence* qui serait faite à l'autre.

Pourtant, s'il existe de bonnes et de fortes raisons de croire qu'il n'y a pas de politique *de* la compassion – on ne gouverne pas qu'avec des sentiments de cette nature, même s'il est par ailleurs impensable que n'entrent pas en ligne de compte, dans *toute* action politique digne de ce nom, la compassion et le soin, le secours et le soutien –, nul doute qu'il en existe d'aussi bonnes et d'aussi fortes de penser qu'il n'y a plus que du *politique* et de la *loi*, que du *particulier* et du *communautaire*, quand la compassion, avec son *universalité* de principe, a déserté le cœur des hommes.

Mais si le texte de Zweig importe tellement, c'est surtout dans la mesure où avec la compassion, il ne s'agit justement d'aucune des deux sortes de pitié que Zweig a cru bon de définir à la fois en les abordant en termes moraux et en les opposant fortement l'une à l'autre. En vérité, et à l'inverse de ce que l'on croit communément, la compassion, la compassion véritable, est bien peu justiciable d'un traitement d'ordre *strictement* moral. Pour être un mode du *co-sentir*, de l'*éprouver-avec*, son phénomène se tiendrait plutôt, si j'ose dire, en deçà du bon et du mauvais. C'est que la compassion participe de l'essence même de l'être humain : c'est un « principe de l'âme », comme l'affirme et le montre Jean-Jacques Rousseau, au sens où son « mouvement » dans l'âme s'inscrit, *sur le plan de l'affectivité identique à la vie*, comme cet *a priori* de la subjectivité qui fait de celle-ci, intrinsèquement, une intersubjectivité.

La compassion, ce n'est donc, à ce titre, ni un mouvement de défense contre la souffrance étrangère, ni une vertu créatrice décidée à persévérer jusqu'à l'extrême limite des forces humaines. Ce qu'elle désigne positivement, c'est au contraire cet étrange proto-phénomène que Stefan Zweig évoque pourtant bel et bien dans sa remarque mais sans se douter alors qu'il rend compte de la nature même de la compassion : ainsi que le romancier le note avec une rafraîchissante simplicité, il s'agit de « cette pénible émotion qui nous étreint devant la souffrance d'autrui ».

Ni plus, ni moins ?

♣

Voici maintenant, pour prolonger ce préambule, ce qu'il nous est donné de lire dans l'un des grands romans de notre temps, *L'Insoutenable légèreté de l'être*, où l'auteur, Milan Kundera, ne se prive jamais de philosopher à sa façon : « Toutes les langues issues du latin forment le mot *compassion* avec le préfixe "*cum-*" et la racine "*passio*" qui, originellement, signifie "souffrance". Dans d'autres langues, par exemple en tchèque, en polonais, en allemand, en suédois, ce mot se traduit par un substantif formé avec un préfixe équivalent suivi du mot "sentiment" (en tchèque : *sou-cit* ; en polonais : *wspol-czucie* ; en allemand : *Mit-gefühl* ; en suédois : *med-känsla*). /Dans les langues dérivées du latin le mot compassion signifie que l'on ne peut regarder d'un cœur froid la souffrance d'autrui ; autrement dit : on a de la sympathie pour celui qui souffre. Un autre mot, qui a à peu près le même sens, *pitié* (en anglais *pity*, en italien *pietà*, etc.), suggère même une sorte d'indulgence envers l'être souffrant. Avoir de la pitié pour une femme, c'est être mieux loti qu'elle, c'est s'incliner, s'abaisser jusqu'à elle. /C'est pourquoi le mot compassion inspire généralement la méfiance ; il désigne un sentiment considéré comme de second ordre qui n'a pas grand-chose à voir avec l'amour. Aimer quelqu'un par compassion, ce n'est pas l'aimer vraiment[1]. »

J'arrête là cette citation (je la reprendrai plus tard). Je l'arrête sur cette dernière phrase où il est question d'amour et qui est en apparence péjorative. Car la question se pose de savoir si cette phrase est vraie. Pour y répondre, prenons appui sur une définition philosophique de l'amour. Celle de Leibniz par exemple. « Aimer ou estimer, dit Leibniz, c'est se plaire dans la félicité d'un autre ou, ce qui revient au même, c'est faire de la félicité d'un autre notre propre félicité[2]. » Bien qu'il s'agisse là d'une définition de l'amitié bien plus que de l'amour – aimer, ici, veut dire plutôt « aimer bien », « avoir ou se sentir une inclination pour… » –, est-il possible, une fois que l'on en a pris une meilleure connaissance, et à condition de s'être assuré auparavant de son bien-fondé, de ne pas s'apercevoir que la compassion en désigne non pas le contraire, mais l'*inverse* ?

En effet, si l'on voulait plagier la formule de Leibniz, ne devrait-on pas écrire en toute confiance que compatir, c'est faire de la souffrance d'un autre sa propre souffrance ; que si l'amour est un « se réjouir du bonheur d'autrui », la compassion, elle, est en revanche « un souffrir de la souffrance d'autrui » ? Et n'est-ce pas sur cette base-là qu'il conviendrait de mesurer toute la distance, si elle existe, qui sépare l'amour de la compassion ?

1. M. Kundera, *L'Insoutenable légèreté de l'être*, trad. F. Kérel, revue par l'auteur, Paris, Gallimard, « Folio », 1989, p. 36. Ce passage fait assez bien écho à ce qu'écrivait O.V. de Lubicz-Milosz dans *L'Amoureuse initiation* : « Ce que nous appelons pitié n'est, le plus ordinairement, que notre mépris de ceux que nous aimons. Nous savons trop bien ce que signifie notre pitié du prochain pour ne pas redouter d'être pris en compassion à notre tour » (Paris, Le Serpent à Plumes, 2004, p. 92).

2. Leibniz, *Codex juris gentium diplomaticus*, éd. Dutrens, IV, p. 295 ; cité par Thomas de Koninck, « Archéologie de la notion de dignité humaine », *La Dignité humaine : philosophie, droit, politique, économie, médecine*, coordonné par Th. de Koninck et G. Larochelle, Paris, PUF, « Débats philosophiques », 2005, p. 42.

À y regarder de plus près, la question se transformerait très vite en celle-ci : qu'est-ce qui motive le rapprochement de la compassion et de l'amour, ou plus exactement l'englobement de la première par le second – à supposer du moins qu'il soit juste de considérer la compassion comme une espèce du genre « amour », mieux : comme une modalité particulière de l'*aimance*, comme eût dit Jacques Derrida[1], au même titre que l'amour ?

Pour répondre à cela, il importe peut-être avant tout de remonter jusqu'à la conception cardinale, voire canonique, de l'*amitié*, que l'on doit à Aristote. L'éthique du Stagirite caractérise en effet l'amitié (le fait et l'acte d'« aimer bien ») comme un « se réjouir de l'*être* de l'ami », un « se réjouir *qu'*il soit, tout simplement ». La thèse défendue par Aristote est donc que le « se réjouir » (en tant que signe de la *philia*), cette réjouissance qui a non pas l'autre mais l'*existence* de l'autre pour objet, s'accomplit sur le même mode, ou plutôt sur le même modèle, que l'*amour de soi*, lequel se manifeste essentiellement sous la forme d'un « se réjouir d'exister ou d'être celui que l'on est ». Comme l'écrit l'auteur de la *Rhétorique* (au Livre II, chapitre 4), « aimer bien » consiste à « vouloir pour quelqu'un ce que l'on croit être bien » – sous-entendu : pour lui et non pour soi – ; mais c'est aussi « être capable de le lui procurer, dans la mesure où on le peut »[2].

Or, même si Aristote ne lie à aucun moment la compassion et l'amitié, est-il aussi nécessaire qu'Aristote veut bien nous le faire accroire, de dissocier cette propension à vouloir le bien d'autrui de l'acte qui consiste à lui *porter secours* ? Par ailleurs, est-ce que nous nous porterions au secours d'autrui si nous ne compatissions pas à sa souffrance ? Et ne devrait-on pas dans ces conditions en conclure que de même que la *philautia*, l'amitié de soi, ou pour soi, est à

1. J. Derrida, *Politiques de l'amitié*, Paris, Galilée, 1994, p. 23, où l'auteur explique que ce mot d'*aimance* vise à « nommer une troisième ou première voix, dite moyenne, au-delà ou en deçà de l'aimer (d'amitié ou d'amour), de l'activité et de la passivité, de la décision et de la passion ».

2. Aristote, *Rhétorique*, II, 4, 1380b 34. Nous citons la traduction de Jean Lauxerois parue récemment dans la coll. « Agora », Paris, Presses Pocket, 2007.

l'origine de toute amitié véritable, l'amitié demeure au fondement de la compassion ?

En toute rigueur, et il faudra insister très souvent sur ce point, au *partage* de la douleur du souffrant il est impératif d'associer le mouvement de lui *venir en aide* en raison sinon de sa souffrance, du moins de sa vulnérabilité et de sa détresse, si bien qu'il n'y a que ces deux moments conjoints qui puissent définir correctement le phénomène de la compassion. Cette définition ne se contente pas d'allier l'*agir* et le *pâtir*. Car ces deux déterminations complémentaires se soutiennent également de l'idée que nous ne compatissons qu'aux souffrances de ceux pour qui nous n'éprouvons *aucune indifférence*. Mais est-ce à dire que la compassion demeure en toutes circonstances fonction de la *philia* ? La *philia*, telle du moins qu'Aristote en thématise la notion, notamment dans l'*Éthique à Eudème,* n'est justement pas un sentiment susceptible de nous rendre attentifs à *tout* individu souffrant, à *n'importe quel* être pitoyable (c'est-à-dire souffrant, vulnérable, en détresse). Au chapitre 2 du Livre II de cette *Éthique*, au cours d'une analyse des fondements de l'amitié, Aristote déclare que « être l'ami de beaucoup de personnes à la fois, l'acte même d'aimer l'interdit, car il est impossible qu'on soit actif à l'égard de beaucoup de gens en même temps »[1]. Que veut dire ici « beaucoup » ? Combien ces « nombreuses personnes » sont-elles supposées être ?

Dans *Politiques de l'amitié*, Derrida explique très bien que « les nombreux, de nombreux autres, cela ne signifie ni le nombre ni la multiplicité en général mais un trop grand nombre, un certain excès déterminé d'unités. Il est possible d'aimer plus d'un, semble concéder Aristote, d'aimer en nombre, mais point trop. Ce n'est pas le nombre qui est interdit, ni le plus d'un, mais le nombreux, sinon la foule. La mesure est donnée par l'acte, par la capacité d'aimer *en acte* : car il n'est pas possible d'être en acte (*energein*), effectivement, activement, présentement à l'endroit de ce "nombreux" (*pros pollous*) qui est plus que le simple nombre (*ou gar oión te áma pros pollous*

1. Aristote, *Éthique à Eudème*, VII, 2, 1238a 8-10, introd., trad. et notes O. Bloch et A. Leandri, Paris, Les Belles Lettres, « encre marine », 2011, p. 128.

energein). Un être fini ne saurait être présent *en acte* à un trop grand nombre. Point d'appartenance ou de communauté amicale qui soit *présente*, et d'abord présente *à elle-même*, *en acte*, sans élection ou sans sélection »[1].

Que signifie, dans ces conditions, ce compte sans décompte véritable, cette mesure sans quantification précise ? Cela signifie que la *philia* est ce sentiment particulier qui a affaire à une certaine communauté de personnes, une « communauté des amis » (*koina ta philon*), en soi plus restreinte que celle des êtres vivants en général, et dont l'extension la plus large ne saurait dans tous les cas dépasser les limites physiques et juridiques de la *polis*. Autant dire qu'il ne saurait y avoir de *philia* à l'égard des « barbares » ni des « animaux » – comme Aristote invite d'ailleurs à le comprendre, au chapitre 8 du Livre II de la *Rhétorique*, quand il en vient précisément à l'analyse du phénomène de la compassion.

À la différence par exemple de l'analyse que développera Rousseau, une analyse (nous y viendrons nous-mêmes) qui s'inscrit tout entière dans les limites d'une anthropologie philosophique – car Rousseau s'intéresse à l'homme en général et non au seul « citoyen », comme c'est encore le cas chez Aristote –, la position du Stagirite au sujet de la compassion se trouve exprimée dans la *seule Rhétorique*. La question y est donc délibérément liée à l'art de « bien parler », à cet art (*technê*) destiné à rendre possible le « juste » vivre-ensemble (*tou suzen*) et à fonder en raison le « bien-vivre » (*to eu zen*), le vivre « libre » à l'intérieur de cet espace à ciel ouvert, appelé *polis*, qui est par essence voué à la franche discussion et à l'échange contradictoire d'arguments, de paroles raisonnables ou rationnelles, de paroles en tout cas mises en commun *au nom de* la justice – cette *mise en commun* de la parole au nom de la justice étant, de fait, pour Aristote, *l'amitié même, la vertu mise en acte (et en actes) de l'amitié*. Aussi, à la question de savoir pourquoi la *Rhétorique* d'Aristote énumère et étudie les conditions de possibilité de l'être-ensemble et du vivre-libre, faut-

1. J. Derrida, *Politiques de l'amitié*, *op. cit.*, p. 39.

il répondre que l'un des enjeux majeurs, sinon le premier des enjeux majeurs de l'être-ensemble et du vivre-libre, concerne l'*usage de la parole*. Si bien que ce que la *Rhétorique* prend pour objet d'analyse n'est autre que le comportement humain et son *rattachement* possible, voire obligé, à cette parole qui, dans la Cité, et en s'échangeant publiquement entre êtres libres, définit le consensus rationnel qui offre, en démocratie, son assise la plus ferme ou la plus fiable (*bébaios*) à l'action politique. La *Rhétorique*, explique à cet égard Heidegger, « doit être envisagée – à l'encontre de l'orientation traditionnelle du concept de rhétorique sur l'idée de "discipline scolaire" – comme la première herméneutique systématique de la quotidienneté de l'être-l'un-avec-l'autre »[1]. À quoi il convient d'ajouter, pour préciser davantage ce point, que cette quotidienneté est de nature *publique* et non privée, qu'elle est même « politique » au sens le plus fort du mot, cette herméneutique systématique prenant à sa charge de décrire les diverses modalités de ce comportement *singulier* qui passe nécessairement par l'usage de la parole que les uns adressent aux autres, c'est-à-dire les différentes dispositions affectives (*pathè*) qui déterminent en leur « être-intoné » la « communication » (au sens de la mise en commun) publique que les uns entretiennent avec les autres au nom de l'intérêt général ou de « l'utile » pour tous. Aussi longtemps que l'on évitera de prendre en compte ces dispositions affectives, aussi longtemps que l'on ne tiendra pas compte, par exemple, du sentiment de compassion qui in-tone tel ou tel échange de paroles, la « communication », si tant est qu'elle ait pour effet de garantir *politiquement* la liberté des uns et des autres, demeurera privée sinon de sens, du moins de portée effective. Voilà pourquoi, de ce qu'Aristote, dans sa *Rhétorique*, analyse les conditions selon lesquelles le langage a le pouvoir de donner corps au « bien vivre » des citoyens, il est nécessaire de conclure que l'analyse de la compassion qu'il propose dans cet ouvrage *ne* conçoit ce sentiment *que* dans le cadre de l'échange de paroles, de la discussion, qui se manifeste au cœur de la Cité.

1. M. Heidegger, *Être et Temps*, § 29, trad. E. Martineau, Authentica, 1985, p. 116.

Le chapitre 8 du Livre II de la *Rhétorique* qui traite de la compassion est divisé en deux parties, non marquées dans le texte. D'abord, et comme à son habitude, Aristote pose les termes d'une définition de la compassion qui concentre dans sa formulation ses traits les plus essentiels, des traits que la suite de son propos va s'efforcer de développer et de justifier : « La compassion, dit-il, est un sentiment désagréable qu'on éprouve à la vue d'un mal destructeur ou désagréable, qui frappe quelqu'un qui ne le mérite pas – mal qu'on peut s'attendre à subir, soi ou l'un des siens, ce mal apparaissant proche[1]. » Mais si « proche » est le contraire d'« éloigné », ce mot ici ne veut pas dire pour autant : très proche ; il est même si loin de vouloir dire très proche que le « proche » dont il est question se présente expressément comme quelque chose d'*un peu éloigné*. En effet, « les gens pour qui on a de la compassion, ce sont les gens qu'on connaît » – ce à quoi Aristote ajoute alors soigneusement : « *si le lien n'est pas très étroit* ». Le fait est que si la victime se révélait être *trop proche* de soi, ce qui se manifesterait alors, ce n'est pas de la compassion mais de la *peur* – une peur le plus souvent paralysante –, alors que la compassion a toujours ceci de particulier qu'elle met le sujet en mouvement, qu'elle le porte à porter secours à la victime, même à voler à son secours. En outre, comme « il n'y a plus de compassion quand l'effrayant se rapproche »[2], il importe que celui-ci se tienne à une certaine distance de soi.

Dans cette indication liminaire, on le voit, l'accent se trouve porté sur le « proche », c'est-à-dire sur la « proximité » et donc aussi sur « l'éloignement » à la fois du *mal* et de la *victime* de ce mal, cet « écart » tirant ainsi sa double mesure non seulement du fait que la victime se doit d'avoir quelque chose à voir avec soi, ou pour mieux dire : quelque chose qui puisse ramener à soi, rappeler *soi* – il faut donc que la victime appartienne à *une même sphère d'appartenance*, à un même *ordre de similitude* –, mais du fait que le mal dont cet autre se trouve frappé n'est pas trop éloigné de soi (ni dans l'espace, ni dans le temps).

1. Aristote, *Rhétorique*, II, 8, 1385b 13-16.
2. *Ibid.*, 1386a 23-24.

Le Stagirite se pose enfin la double question du « quoi » et du « qui », à savoir, d'abord, quelles sont les dispositions (*hexeis*) qui font de l'homme un être *capable* de compatir ? et ensuite, *qui*, chez les êtres pitoyables, est *à même de susciter* la compassion dans le cœur de tous les êtres qui en seraient capables ? Analyse à double détente, puisque, d'une part, l'on commence par étudier la capacité de la personne compatissante (l'être-en puissance de son comportement) pour passer ensuite à l'acte lui-même (à l'être-en acte de ce même comportement) ; et parce que, d'autre part, la saisie même de cet être-en acte n'en exige pas moins de passer du sujet compatissant à l'objet pitoyable. Compatir, dit ainsi, en résumé, Aristote, cela repose sur certaines conditions : ne pas trop souffrir soi-même, ni se sentir trop heureux, ne pas manquer de courage (que ce soit par excès, en ayant une trop grande confiance en soi, ou par défaut, en étant ivre de colère), enfin ne pas être en situation de vengeance ou de peur (car, dans les deux cas, « on est entièrement à son affect »[1]).

(Ouvrons ici une courte parenthèse. Ce n'est en aucune façon un hasard si ce trait essentiel de la « saturation » de l'âme par la puissance d'un affect dominant, on le retrouve, légèrement modifié, sous la plume de Rousseau dans son analyse de la structure de la compassion. Ce trait donne même lieu à une loi que Rousseau se propose d'énoncer en ces termes : « Nul n'accorde aux autres que la sensibilité dont il n'a pas actuellement besoin pour lui-même[2]. » Cependant, une question se pose : l'apparition chez Rousseau de ce trait est-elle due à une lecture d'Aristote, si jamais elle eût lieu, ou n'est-elle pas le fruit d'une observation de soi ? Voici en tout cas ce que note Rousseau dans ses *Dialogues*, autrement intitulés *Rousseau juge de Jean-Jacques* : « Pour Jean-Jacques incapable d'une prévoyance un peu suivie, *et tout entier à chaque sentiment qui l'agite*, il ne connaît pas même pendant sa durée qu'il puisse jamais cesser d'en être

1. Aristote, *Rhétorique*, II, 8, 1385b 34.

2. J.-J. Rousseau, *Émile*, *OC* IV, p. 514. (L'abréviation *OC*, en note comme dans le corps du texte, renvoie à l'édition des *Œuvres complètes de J.-J. Rousseau*, publiées sous la direction de B. Gagnebin et M. Raymond, en cinq volumes dans la « Bibliothèque de la Pléiade », Paris, Gallimard, 1959-1995.)

affecté[1]. » Dans les *Confessions* déjà, Rousseau avait exposé, dans une perspective similaire, l'état de « ravissement » dans lequel sa passion à l'égard de Mme de Warens l'avait plongé autrefois : « Mon cœur se nourrissait d'un sentiment tout nouveau dont *il occupait tout mon être* : il ne me laissait des esprits pour nulle autre fonction[2]. » C'est cependant dans l'*Émile* qu'en référence directe à la question de la compassion, on lit cette remarque décisive : « Pour plaindre le mal d'autrui, sans doute il faut le connaître, mais il ne faut pas le sentir. Quand on a souffert, ou qu'on craint de souffrir, on plaint ceux qui souffrent ; mais tandis qu'on souffre, on ne plaint que soi[3]. » Fermons ici la parenthèse, sans ajouter de commentaire pour l'instant.)

Revenons à Aristote. De la description qu'il propose du phénomène compassionnel, voici ce qu'il importe, je crois, de retenir :

A. Sur le plan « subjectif ».

1. Nous ne sommes susceptibles de compatir aux malheurs des autres (de certains autres, pas de tous) que si nous-mêmes ne sommes pas en butte à des sentiments extrêmes qui nous sortent de nous-mêmes ;

2. la relation avec autrui doit chaque fois dépendre de la relation que nous entretenons d'abord avec nous-mêmes (on trouve dans la *Rhétorique* une variante du rapport *philia/philautia* qui est étudié pour lui-même au Livre VIII de l'*Éthique à Nicomaque*) ;

3. enfin, et comme le précise un penseur toujours soucieux de tenir compte de la structure temporelle qui régit l'accomplissement du phénomène qu'il étudie, nous ne sommes sensibles aux maux d'autrui qu'à la double condition de nous *rappeler* un mal qui nous est déjà arrivé et d'*anticiper* un mal que nous pourrions être amenés à subir. Autrement dit, la compassion pour se manifester au présent sollicite le passé et l'avenir, c'est-à-dire chez le compatissant et la *mémoire* et l'*imagination*.

1. J.-J. Rousseau, *Dialogues. Rousseau juge de Jean-Jacques*, *OC* I, p. 818.
2. J.-J. Rousseau, *Confessions*, *OC* I, p. 53.
3. J.-J. Rousseau, *Émile*, *OC* IV, p. 514.

B. Sur le plan « objectif », les conclusions sont tout autres.

À la question : qu'est-ce qui suscite la compassion ? Aristote répond : *ce qui* peut susciter la compassion, ce n'est pas *tout* ce qui est douloureux et destructeur – comme on le pense aujourd'hui. Ce qui suscite la compassion, ce sont les maux dont « le sort » semble être la cause, c'est-à-dire les maux *qui, en plus d'être immérités, sont humainement injustifiables*. Ainsi, à la question, liée à la précédente, de savoir *qui* peut susciter la compassion ? le Stagirite répond : ceux qui suscitent la compassion sont les êtres qui se rapportent aux trois conditions suivantes : (*a*) ils doivent être *assez proches de soi* (spatialement et temporellement, historiquement et géographiquement) ; (*b*) ils doivent être *semblables à soi*, au sens où ils sont liés par une même sphère d'appartenance (ils ont les mêmes dispositions éthiques, les mêmes dispositions personnelles, le même rang social, ils ont un lien de famille, ils ont parfois le même âge…) ; (*c*) ils doivent être victimes d'un mal contre lequel personne (ni les autres ni soi-même) ne peut se prémunir.

Dire, par conséquent, que celui au secours de qui l'on vole est celui qui *ne mérite pas* le mal qu'il subit, cela revient à dire deux choses :

1. que ce n'est pas la douleur nue qui déclenche la compassion, comme les Modernes le penseront bien plus tard, mais une certaine forme d'*injustice* ;

2. que le mal n'est pas la douleur elle-même, mais le *désaccord* à l'intérieur du Tout, la *dysharmonie* introduite dans *l'ordre* des choses, peu importe ici que cet ordre soit lui-même d'ordre cosmique ou politique.

On s'aperçoit donc, au regard de ces conclusions, que les conditions retenues par Aristote ne laissent pas d'être fonction de son hypothèse de départ, à savoir que la compassion a d'autant plus de chance de s'aviver en nous qu'« il apparaît plus nettement possible que la chose nous arrive aussi »[1]. Est-ce là de l'*ego*-centrisme ? Ce serait plutôt de

1. Aristote, *Rhétorique*, II, 8, 1386a 25.

l'*éco*-centrisme, si l'on entend dans ce mot l'*oikos* inhérent à l'*oikonomia*, soit ce qui relève de la famille, de la familiarité, de la maisonnée, mais aussi, par extension naturelle, de la « souche » comme de tout ce qui, de près ou de loin, ou de près plus que de loin, participe à une quelconque « sphère d'appartenance ». Éco-centrisme qui signifie alors qu'*en matière de compassion*, une trop grande altérité d'autrui (autrement dit une absence de familiarité) ne peut que faire échec à la naissance du sentiment, que le *proche*, donc, y est toujours une modalité du *propre*, que l'Autre y a partie liée avec le Même, ou bien encore que la relation compassionnelle avec autrui n'est rien de moins qu'un rapport au *semblable*, ce rapport au semblable n'étant lui-même jamais autre chose qu'un rapport au *familier* – lequel familier est même, d'une certaine façon, un prolongement de son plus intime rapport à soi.

Peut-être, de l'analyse d'Aristote, convient-il de tirer une première leçon : à savoir que le cercle de la compassion n'est pas plus étendu que celui de l'amitié. Autrement dit : de même que tout le monde n'est pas amical ni digne d'être aimé, il n'appartient pas à tout le monde d'être compatissant ni pitoyable. Et pourtant, il apparaîtra – c'est là, en vérité, toute l'*histoire*, tout le *devenir* de la notion de compassion en Occident – que le proche prendra bientôt les traits du prochain, comme l'ami ceux du frère. Et qu'en conséquence, la cercle de la compassion s'élargira au point que celle-ci *s'universalisera*, définissant alors l'aptitude de l'humanité tout entière à la vertu, à la vertu d'humanité, c'est-à-dire à « l'humanité » même. L'universalisation de la compassion – l'humanité comme *communauté compassionnelle* et la compassion comme *sentiment d'humanité* – passera ainsi par cette double transformation conceptuelle : par le devenir-prochain du proche et le devenir-confraternel de l'amitié.

Le cercle de la compassion, tel du moins qu'Aristote l'a circonscrit au commencement, ne recouvre guère celui de l'*universel*. Il ne le recouvre pas si l'on entend précisément par *universel* « ce qui vaut pour tous et partout », comme le pensent les Modernes. Or l'universel, c'est un fait, n'a pas toujours signifié cela. En réalité, sa notion a toujours été, et elle le demeure comme telle, puissamment équivoque. Jean-Claude Milner en a rappelé les raisons dans un article récent, fort suggestif : « L'instauration du tous et du partout, à l'horizon de l'innombrable et du quelconque, [...] est l'idéal de l'universel moderne », si bien que « ce qui d'aventure y fait obstacle est généralement réputé condamnable[1]. » De cette réputation on reçoit des signes ou des signaux tous les jours – et notamment, pour ne pas dire surtout, au sujet de cet « universel moderne », absolument moderne, qui s'appelle *compassion*. Or, l'universel antique, tout au moins celui qu'Aristote désignait par l'appellation *to katholou*, est d'un genre différent : d'abord, du point de vue de la langue, il se dit au singulier plutôt qu'au pluriel (par exemple, dans le syllogisme-type de la logique aristotélicienne, on dira « tout homme est mortel » et non pas « tous les hommes sont mortels ») ; ensuite, du point de vue du concept, l'universel dont fait cas Aristote a pour fonction d'exprimer « la complétude » et « l'intégrité » plutôt que les « grands nombres »[2].

Si, dans l'antiquité, l'universel ne s'ancre pas encore dans le pluriel, s'il n'a pas encore partie liée avec le nombreux, le presque tous, ou le tous sans exception, cela est dû, explique Milner, à la structure de la *Cité*, qui traite à sa façon le nombreux. C'est la Cité en effet qui « fait obstacle au très nombreux et *a fortiori* à l'innombrable – et plus encore au quelconque »[3]. C'est ce dont Platon et Aristote recueillent l'expérience : bien qu'ils fassent se rejoindre « la voie du nombreux, lieu privilégié du politique, et la voie du singulier, seul accès à l'universel », on ne peut pas dire, à bien les lire, que le très nombreux ne leur paraît pas engendrer « la mort du politique et du même coup la dégénérescence du pluriel »[4].

1. J.-C. Milner, « Une conversation sur l'universel », *Cahiers d'Études Levinassiennes*, n° 6, 2007, p. 79.
2. *Ibid.*, p. 80.
3. *Ibid.*, p. 81.
4. *Ibid.*, p. 80.

Les Modernes que nous sommes ont rompu avec cette représentation. Pour nous, selon la juste formulation de Milner, « le nombreux n'est tel que s'il est très nombreux » et « le très nombreux n'est tel que s'il est au-delà du dénombrement immédiat »[1]. Cette conviction, nous croyons la devoir au christianisme, plus exactement à saint Paul, responsable d'avoir rendu « catholique » le *katholou* d'Aristote comme d'avoir transformé le *proche* d'Aristote en « prochain ». Il est vrai que pour saint Paul, nous sommes tous « prochains » les uns par rapport aux autres dès lors que nous sommes placés sous le dénominateur commun de cet Un qui enveloppe extensivement la multiplicité innombrable des créatures de Dieu. Mais est-ce bien à l'acte de fondation de l'Église que remonte l'ancrage de l'universel dans le très nombreux ? La thèse de Jean-Claude Milner, qui s'appuie pour la défendre sur des indications du Père Festugière[2], c'est que ce n'est pas le christianisme qui en est à l'origine, mais l'*empire*, et ce dès sa toute première édification idéologique sous l'égide d'Alexandre. De cette logique impériale, il ne fait aucun doute que le christianisme, religion prosélyte contrairement au judaïsme, va bénéficier pour conquérir le plus grand nombre. Mais cette conquête, jusque dans sa réalité la plus sanglante, suppose la découverte et la mise en valeur d'un concept du « monde » *qui intègre dans sa définition l'innombrable et le quelconque*. Tel serait le pas accompli par Alexandre au-delà de la ligne marquée par son précepteur Aristote[3]. Milner

1. J.-C. Milner, « Une conversation sur l'universel », *op. cit.*, p. 81.
2. J.-C. Milner se réfère à la fameuse *Révélation d'Hermès Trismégiste* d'A.-J. Festugière, tome II, rééd. Paris, les Belles Lettres, 1986, p. 176-195. Le titre du § 4 chapitre VI du Livre II en question est : « La religion universelle ».
3. Sans doute serait-ce une erreur de penser qu'Aristote fut le « maître » d'Alexandre. Le maître est celui qui, pour autant qu'il se tient du côté de la jouissance et non pas du savoir, *ne sait pas ce qu'il fait*. Autrement dit, si le maître a affaire avec le savoir, de cela il n'est pas conscient. En ce sens, Alexandre fut bien le maître, celui au service duquel Aristote fut d'ailleurs engagé pour appliquer ce qu'il avait déjà réussi à faire en toute connaissance de cause. « Bien sûr, il y a des maîtres qui se sont essayés au savoir. Mais pourquoi, après tout, le savoir de Platon ne serait-il pas une philosophie inconsciente ? C'est peut-être bien pour ça qu'elle nous profite tellement. /Avec Aristote, nous passons sur un autre plan. Lui sert un maître, Alexandre, qui, assurément, ne savait absolument pas ce qu'il faisait. Il l'a fait quand même, très bien. Comme Aristote était à son service, il a fait après tout la meilleure

explique : « Contre les enseignements explicites d'Aristote, Alexandre a imposé l'idée que tous les hommes, Grecs et Barbares, partagent la même communauté de nature ; cette communauté doit être entendue comme une parenté au sens strict : les êtres humains sont frères, dans la mesure exacte où ils sont, en dernier ressort, nés d'un même père naturel, qui est le Cosmos[1]. » Ce qui mérite ici la plus grande attention, c'est que les *deux* conditions de possibilité de la compassion dégagées à partir d'Aristote, à savoir la proximité et la similitude, se retrouvent *unifiés* sous la plume de Milner au moment où il décrit le mouvement de déplacement et de transformation opéré par l'alexandro-christianisme : Milner se sert du mot de *parenté* pour effectuer cette synthèse. Ce mot est en effet d'une importance extrême, puisqu'il renvoie (je montrerai comment) à un des concepts centraux de la philosophie hellénistique (il est d'appartenance stoïcienne surtout), à savoir l'*oikeiôsis*.

Or, loin de l'esprit de la Cité qui défendait farouchement l'harmonie du singulier et du pluriel en limitant tout au plus celui-ci au *nombreux*, Alexandre, en sortant de l'enceinte de la Cité, en brisant ses frontières et en se lançant à la conquête du « Dehors », va pour la première fois ancrer l'universel dans le *très nombreux*. Et bientôt, ce *très nombreux* ira « jusqu'à l'innombrable de la terre habitée, dont on découvrait chaque jour qu'elle était plus étendue qu'on n'avait imaginé »[2]. Mais comme, depuis, la logique impériale n'a pas du tout reflué des configurations politico-culturelles (c'est le moins qu'on puisse dire), force nous est de constater à présent que c'est « l'alexandro-christianisme qui anime l'humanité »[3] et que cette « religion universelle » que voulait instaurer Alexandre au fil de ses victoires, cette religion « qui se ramène, directement ou indirectement, à rendre hommage au Monde éternel, éternellement producteur

histoire naturelle qu'il y ait jamais eu, et il a commencé la logique, ce qui n'est pas rien » (J. Lacan, *Séminaire XVI : De l'Autre à l'autre,* texte établi par J.-A. Miller, Paris, Seuil, 2006, p. 396). Heureusement pour Aristote, il aura machiné un peu plus que cela.

1. J.-C. Milner, « Une conversation sur l'universel », *op. cit.,* p. 82.

2. *Ibid.*, p. 83.

3. *Ibid.*, p. 87.

d'êtres parlants innombrables et fraternels »[1], tous les hommes sur cette Terre, qu'ils le sachent ou qu'ils l'ignorent, en sont devenus les zélateurs sans reproche. Nous sommes tous frères, nous appartenons à une seule et même famille, une famille qui s'appelle *le monde* et dont la planète entière représente maintenant le foyer.

Qu'est-ce dans le fond que l'alexandro-christianisme ? C'est une nouvelle forme historique d'alliance entre de deux dimensions : la première, d'ordre religieux, et la seconde, d'ordre politique. Toutefois, dans ce cadre théologico-politique, l'Un-Tout est amené à prendre une figure inédite : ce n'est plus à l'Un de la Cité-État qu'il est demandé de configurer le Tout, mais ce n'est pas non plus (je veux dire : pas encore) à l'Un de l'Église qu'il revient de le configurer. Que le Tout ne fasse qu'Un, cela est plutôt dû à la seule force liante et déterminante de l'Un du monde (du Cosmos), et cette force n'est autre que le *logos*. Ici, l'étape fondamentale est assurée par le succès de la doctrine stoïcienne et surtout par « l'idée, si souvent développée à l'époque impériale, de la Grande Cité (*megalopolis*) qui embrasse l'ensemble de l'univers et dont tous les êtres raisonnables sont des citoyens, y compris les astres. Cette Cité est régie par une loi divine (*thesmos*) – le *logos* omniprésent – qui joue le rôle de constitution (*politeia*) de l'univers. Quiconque règle sa conduite sur elle sera citoyen de l'univers (*kosmopolitès*) et parent des dieux »[2].

Parce que les humains sont tous fils et filles du Cosmos, étant donné qu'ils sont nés ici-bas, sur la Terre, et partagent une même « forme », la *communis humani generis societas* dont parle Cicéron dans le *De Finibus*, cette communauté qui embrasse le genre humain et qu'il évoque aussi en termes d'*hominum inter homines naturalis commendatio* va assurer souverainement l'unification possible et souhaitable du Tout et engendrer ainsi un nouveau concept de l'universel. Sous ce rapport commun appelé Monde, nous sommes tous *frères*. C'est dire que sous ce rapport commun, sous cette

1. J.-C. Milner, « Une conversation sur l'universel », *op. cit.*, p. 87.
2. A.-J. Voelke, *Les Rapports avec autrui dans la philosophie grecque d'Aristote à Panétius*, Paris, Vrin, 1961, p. 115.

commendatio, il n'y a plus de différences entre les hommes (je ne dis pas exprès : *entre les vivants*, bien que l'on s'achemine peu à peu vers l'idée cruciale d'une unification du Tout par l'unité du vivant, et pas seulement par l'unité des *logika*, des êtres raisonnables, Théophraste et Plutarque jouant dans cette nouvelle étape un rôle décisif, avant que n'entre en scène une certaine doctrine chrétienne). Dans le Monde, les êtres raisonnables forment tous ensemble une seule et même *famille* – et peu importe que l'on ne connaisse pas encore tous les recoins de la planète[1]. On peut ainsi comprendre plus aisément pourquoi les deux traits déterminants de la compassion dégagés jusque-là – ceux qui sont censés la rendre possible, à savoir la proximité et la similitude – vont se présenter bientôt sous un jour nouveau. En effet, dans les temps hellénistiques, à la *philia*, ce ciment de l'unité de la Cité, va se substituer en guise de fondement du Tout – en tant que *kosmos*, cette fois, et non plus en tant que *polis* –, une des principales notions du stoïcisme : la *philanthrôpia*, synonyme à un certain égard d'*oikeiôsis* (ce que je préciserai bientôt).

C'est par la *philanthrôpia* que le Monde arrive à trouver sa véritable unité intérieure en tant que Cosmos précisément ; elle est le principe qui constitue le Tout en une totalité homogène et harmonieuse. Par le fait d'élargir la *philia* aristotélicienne et de lui faire franchir les limites de la Cité, en la surdéterminant donc en termes de *philanthrôpia*, on tourne le dos résolument et définitivement à l'être-au-monde centripète de la Grèce des IVe et Ve siècles avant J.-C. ; désormais l'être-au-monde est centrifuge, il se projette littéralement au-dehors, et par *dehors* il faut justement entendre un territoire aux frontières indéfinies, continuellement en modification, et dont la vastitude, à l'image de la voûte céleste, n'est pas sans émerveiller et inquiéter en même temps. Inquiétude tempérée néanmoins par le fait que ce qui sert désormais de

1. Nous sommes évidemment encore loin de la découverte de l'Amérique, et pourtant il n'est nullement exagéré de penser que ce qui aura rendu cette découverte-là *possible*, c'est précisément l'idée, imposée par l'alexandro-christianisme, qu'entre les terres habitables et gouvernées *et* ce qui resterait encore à découvrir, sur la terre, de la Terre, il n'y aurait pas de différences au plan des principes « économiques » (ce mot étant pris au sens fort), puisque le Tout serait également soumis à la même *administration, à la même règle cosmopolitique.*

ciment au Tout est la conception éthique, juridique et politique selon laquelle les êtres doués de *logos* sont tous fils et filles du Cosmos et, à ce titre, en relation de *parenté*. C'est même cette « confraternité » particulière que va désigner plus ou moins adéquatement le terme si difficilement traduisible de *philanthrôpia*. Celle-ci signifie que le trait commun par lequel « l'humanité » s'unifie sur la Terre se caractérise par une *attraction mutuelle et réciproque, réglée dans la nature et par elle*. Telle est cette fameuse *philanthrôpia*, rebaptisée *humanitas*, en tant que raison d'être du Cosmos.

Élisabeth de Fontenay a fort bien montré, dans son grand livre, *Le Silence des bêtes*, comment « la doctrine stoïcienne a donné son plein-emploi conceptuel à la *philanthrôpia* et a promu durablement le concept. D'abord apanage de Dieu, puis du souverain, la *philanthrôpia* va, dans le stoïcisme, caractériser les rapports que les hommes entretiennent entre eux. Et à l'époque cicéronienne elle se dit *humanitas*, quand l'exigence de justice s'étend à tout le genre humain et qu'elle désigne alors la cité universelle des hommes et de Dieu, ou des dieux »[1]. Cicéron écrit en effet : « Les hommes sont confiés par la nature les uns aux autres. Par cela même qu'il est un homme, un homme ne doit pas être un étranger pour un homme [...]. Le monde est comme la cité universelle des hommes et des dieux ; chacun de nous est une partie de ce monde ; c'est par conséquent la nature qui fait que nous plaçons l'intérêt général avant le nôtre[2]. »

Qui dit *humanitas* dit inévitablement *philanthrôpia*, et vice-versa. Or, ce terme d'*humanitas* n'est autre que celui par lequel sera bientôt *nommée* la compassion en tant que vertu. Qui veut comprendre comment la compassion en est arrivée à désigner la « vertu d'humanité » se doit donc de remonter, outre le cours du temps, un certain cours conceptuel et passer de l'*humanitas* à cette *philanthrôpia* qui n'en est somme toute qu'une explicitation.

1. É. de Fontenay, *Le Silence des bêtes. La philosophie à l'épreuve de l'animalité*, Paris, Fayard, 1998, p. 105.

2. Cicéron, *Des fins des biens et des maux*, trad. É. Bréhier, Paris, Gallimard, « Bibliothèque de la Pléiade », 1972, I, II, 19, 63 ; cité par É. de Fontenay, *Le Silence des bêtes*, *op. cit.*, p. 105.

La *philantropia*, cela a été dit, est la modification radicale et profonde de la *philia* aristotélicienne, une modification qui surgit à la faveur de la révolution affectant de fond en comble le sens quantitatif et la portée qualitative du *katholou*, de l'universel. La différence est ici radicale d'avec le monde d'Aristote : alors que pour ce dernier, la Cité est comme le monde particulier des hommes libres et des dieux, pour Cicéron, le Monde est comme la cité des hommes raisonnables et des dieux. Mais le critère de l'unité du Tout n'est pas (encore) la présence du vivant, c'est seulement l'unité formée par les êtres doués de raison. Cela s'explique en raison du fait que le Monde est *logiquement ordonné* et que cet ordre logique se trouve lui-même fondé sur le lien de *justice* qui unit entre eux les êtres doués de raison. Ce lien, qui a pour nom *equitas*, soit la bonne distribution à chacun de ce qui lui revient, est d'abord et avant tout un lien *raisonnable* et *rationnel*. C'est donc une double considération pour la justice et l'ordre rationnel qui commande que le *logos* s'impose comme le critère de l'unité effective et harmonieuse entre les êtres, et ce à telle enseigne qu'il devient de ce fait *impossible* que ce qui ne relève pas de ce critère, c'est-à-dire tous les êtres qui, par nature, n'ont pas accès à la raison, les *aloga* comme on disait alors, appartiennent au Tout unifié de l'*humanitas* et de la *philanthrôpia*. Sont donc exclus de ce « monde » les animaux en général. É. de Fontenay insiste tout particulièrement sur ce point : « Pour Cicéron, dit-elle, la communauté cosmopolitique des hommes désignée comme *humanitas* ne se constitue que d'exclure les animaux[1]. » Or n'aurait-on pas pu imaginer que l'unité de l'*humanitas* soit assurée non pas seulement grâce au *logos*, mais grâce aussi, et peut-être même surtout, au *pneuma*, au souffle de vie, au seul fait de *vivre* ? Mais non. Et pour cause : l'on est toujours ici dans un monde *issu* de la Cité grecque, dans un monde qui en a élargi les déterminations, mais qui n'en a pas forgé d'autres, *sui generis*, ou venant d'ailleurs, comme ce sera bientôt le cas avec l'extension du christianisme et la chute de l'Empire

1. É. de Fontenay, *Le Silence des bêtes*, *op. cit.*, p. 185.

romain. On est encore dans un univers éthique, juridique et politique où l'Un-Tout est conçu en termes de vivre-ensemble juste et non de relation d'amour à un Créateur unique. C'est la *justice* et non la *charité* qui dresse le cadre à l'intérieur duquel l'unité du Tout est rendue possible et demeure pensable. Or cette justice est comme telle rationnelle et rationalisable. C'est pourquoi la *societas* est la communauté des hommes, du genre humain – un « monde » où les bêtes n'ont pas leur place, ou pour le dire plus exactement : où *les bêtes n'ont pas encore tout à fait leur place*, car cette place, elles vont justement (à la faveur de l'instauration d'une justice dont les principes vont se rapprocher de plus en plus de ceux de la charité) la conquérir peu à peu, et si paradoxal que cela puisse paraître, à l'intérieur même de la sphère « philanthropique ». Pour cela, outre les remarquables avancées de Théophraste et de Plutarque, il faudra attendre que le christianisme supplante d'une certaine façon l'alexandrisme : c'est alors, en effet, que dans cette configuration nouvelle, le Tout n'aura plus à fonder son unité propre sur le principe de la raison mais sur celui du *vivant* en tant que tel. Il n'en demeure pas moins qu'au temps de Plutarque, c'est-à-dire à une époque où la « vertu d'humanité », l'*humanitas* proprement dite, s'apparentait de plus en plus nettement à la compassion, en raison de la « *philia* » inhérente à cette *philanthrôpia* qui donne sens à sa notion, il aurait été impossible d'entendre la question que Schopenhauer jugera bon de poser bien des siècles plus tard, à savoir : est-ce que nous sommes sommés moralement d'avoir de la compassion à l'égard des animaux ?

Et pourtant, comme le montre encore très bien Élisabeth de Fontenay, ce qui va contribuer lourdement à remettre en question la relation entre deux « synonymies » notionnelles, entre l'*humanitas* = la *philanthrôpia*, d'une part, et l'*humanitas* = les *logika*, de l'autre, ce qui va donc peu à peu faire basculer la définition de l'*humanitas* du côté du *vivant* et pas seulement du côté du *raisonnable*, c'est l'arrière-plan à la fois sémantique et doctrinal de la *philanthrôpia*, qui renvoie à la notion d'*oikeiôsis*.

La notion stoïcienne d'*oikeiôsis* renvoie à l'appropriation innée de son être. Qu'est-ce à dire ? Pourquoi ce mot d'appropriation est-il le mieux à même de traduire ce dont il est question ? « La théorie de l'*oikeiôsis*, qui remonte à Chrisyppe et probablement à Zénon, est une des pierres d'angle du système stoïcien, explique A.-J. Voelke. Elle repose sur des considérations biologiques et psychologiques : l'observation de l'*être vivant* [du vivant en général – l'observation ne porte donc pas sur l'homme comme être doué de raison] montre que toute saisie (*antilèpsis*) ou perception (*aisthèsis*) des objets extérieurs s'accompagne d'une perception continuelle de soi-même (*sunaisthèsis*), sorte de toucher intérieur (*entos aphè*, *tactus interior*) [l'expression est due à Aétius] : il faut en effet que le vivant ait conscience des modifications produites en lui par le contact du monde extérieur, qu'il se sente par exemple frappé de blancheur ou de chaleur quand il perçoit la blancheur ou la chaleur. Cette conscience de soi lui est présente dès sa naissance, car dès ce moment il a quelque perception du monde extérieur. Chaque être éprouve une profonde complaisance (*euaresthèsis*) à l'égard de l'image de soi (*phantasia eautou*) qui lui est ainsi donnée. De la sorte apparaît dès l'aurore de la vie un amour de soi (*amor nostri et caritas*) [l'expression figure chez Hiéroclès et Aulu-Gelle] en vertu duquel rien ne lui est plus cher que lui-même. Dans cette conscience de soi et dans cet amour de soi se manifeste une donnée fondamentale, présente en tout être vivant, l'*oikeiôsis*. Ce mot désigne l'appropriation initiale grâce à laquelle le vivant s'appartient et saisit son être comme le sien propre (*oikeios*). Cicéron, voulant rendre cette notion en latin, parle d'une *conciliatio* et d'une *commendatio* originelles, c'est-à-dire d'une inclination grâce à laquelle la nature nous attache à nous-mêmes, nous confie à nous-mêmes [cf. *De Finibus*, III, 5, 16 ; V, 15, 41]. Sénèque recourt au même vocabulaire et double le *commendare* cicéronien d'un *committere* : chacun est *commis* à lui-même [cf. *Lettres à Lucilius*, 121, 18][1]. »

1. A.-J. Voelke, *Les Rapports avec autrui dans la philosophie grecque d'Aristote à Panétius*, *op. cit.*, p. 108.

Il y aurait donc, à en croire les fondateurs du Portique comme les stoïciens plus tardifs, il y aurait comme un « savoir » qui co-naît avec l'être vivant, qui fait corps avec sa vie même ; un savoir qui serait un « *s'avoir* », un « s'appartenir en propre », surgissant à sa naissance et avec cette naissance même : car cet être « sait » tout naturellement – c'est là en effet une prescription de la nature qui le maintient en son sein –, et il le sait à la faveur d'une « conscience » (non réflexive) de soi, plus exactement d'un *sentiment* inné de soi, ce qui lui est *propre* et ce qui ne l'est pas, c'est-à-dire ce qui soutient l'intérêt de la vie à sa propre conservation et ce qui ne le soutient pas, ce qui est susceptible d'assurer son maintien dans la vie et ce qui au contraire peut provoquer son annihilation. De ce fait, et s'il est vrai que, par la grâce de ce « savoir », le vivant en vient à *s'approprier* ce qui favorise le développement de sa vie et à rejeter ce qui l'entrave, si donc l'*attraction* du « propre » et la *répugnance* vis-à-vis de « l'étranger » ou de « l'hostile » (*allotriôsis*, terme qui désigne le contraire de l'*oikeiôsis*) sont un trait constitutif de son être, et si ce trait fait du sentiment de soi l'apanage d'un être *vivant* avant d'être aussi celui d'un être *humain*, tout cela conduit à au moins deux conclusions notables :

1. La frontière entre l'homme et l'animal risque fort, à terme, de se brouiller, ce brouillage commandant de rapatrier les animaux dans le champ vertueux de la *philanthrôpia*, ou d'étendre la *philanthrôpia* à l'ensemble du vivant, c'est-à-dire de faire entrer l'animal dans le domaine, réservé à l'origine aux seuls *logika*, de l'*humanitas*, ce qui a pour effet de créer, pour l'homme, une *parenté* nouvelle ou pour mieux dire un nouvel *apparentement* (c'est d'ailleurs là le sens proprement théophrastien de l'*oikeiôsis*).

2. Le « savoir » propre au vivant, ce sentiment de soi qui s'exprime au gré d'une appropriation « vitale » qui tend à rapprocher de soi ce qui semble favorable à la vie comme à éloigner de soi tout ce qui lui paraît nuisible, atteste l'existence d'un *amour de soi* constitutif de l'être vivant au sens où il est essentiel à la vie. À cet égard, É. de Fontenay note avec raison que l'admirable texte de Sénèque qui va

maintenant être cité « constitue sans doute l'une des matrices du *conatus* spinoziste et de l'amour de soi-même rousseauiste »[1] : « Il n'est pas surprenant, écrit Sénèque à Lucilius, que ces êtres [les animaux] naissent ainsi avec ce sans quoi ils seraient nés pour rien. Le premier équipement que la nature leur a donné pour se maintenir est l'intérêt et l'amour qu'ils portent à eux-mêmes. Ils n'auraient pas survécu s'ils n'avaient pas désiré survivre ; ce désir seul n'aurait servi à rien, mais sans lui rien n'aurait servi. Aussi bien n'en verras-tu aucun n'attacher aucun prix à lui-même ou seulement s'oublier un peu. L'être le plus fruste, la bête brute, indifférent à tout le reste, redevient très efficace pour sa survie[2]. »

Oikeiôsis veut dire tout à la fois : affinité, convenance, être-propre, appropriation, apparentement, parenté. On s'en est sans doute aperçu à la lecture des textes cités : c'est une notion impossible à traduire sous peine d'occulter chaque fois un des très nombreux sens qu'elle véhicule. Et pourtant, il convient, je crois, de souligner, toutes les fois qu'il s'agit d'aborder cette constellation signifiante, qu'*oikeiôsis* vient d'*oikos*, terme qui renvoie à la maisonnée, à la demeure familiale, mais aussi à ce « propre » qui n'existe que d'être d'abord et avant tout quelque chose « proche ». (C'est en effet cette *proximité* en tant qu'elle *é-loigne* le soi de lui-même et rend ainsi possible toute « présence à soi », c'est cette proximité qui, tel un *a priori*, *surdétermine* l'essence du *propre*, faisant de l'être-soi, de l'ipséité, un « sien propre », en même temps qu'elle fait du « savoir »

1. É. de Fontenay, *Le Silence des bêtes*, *op. cit.*, p. 108. Dans mon essai *Rousseau : une philosophie de l'âme* (Lagrasse, Verdier, 2008, « Verdier/poche », p. 82-104 et p. 376-381), j'ai tenté de montrer qu'en héritant de la notion d'amour de soi, en s'appropriant cette notion qui avait déjà une longue histoire, une histoire passant notamment par les philosophies d'Aristote, de Sénèque et de saint Augustin, Rousseau ne fait rien de moins qu'inverser la position stoïcienne. Alors que celle-ci justifie l'amour de soi par la conservation de soi, Rousseau, en faisant de l'amour de soi l'un des deux « principes de l'âme » (l'autre étant *la pitié*), s'efforce d'enraciner le phénomène *empirique* de la conservation de soi dans un principe *transcendantal* (évidemment sans employer un tel lexique).
2. Sénèque, *Lettres à Lucilius*, XIX-XX, 121, 24, trad. H. Noblot revue par P. Veyne, in *Entretiens. Lettres à Lucilius*, éd. P. Veyne, Paris, Robert Laffont, « Bouquins », 1993, p. 1080 ; cité par É. de Fontenay, *Le Silence des bêtes*, *op. cit.*, p. 108.

particulier qui transit l'*oikeiôsis* un « s'appartenir » ou un « s'avoir », comme je me suis permis de l'appeler un peu plus haut.) Outre le propre au sens de tout ce qui est propre à..., de tout ce qui relève de l'appropriation, *oikeiôn* désigne aussi, on comprend aisément pourquoi, la sphère du proche et, partant, celle de la parenté, de l'apparentement. Bref, une double signification semble prévaloir malgré la dispersion sémantique : avec l'*oikeiôsis* il retourne aussi bien de l'apparentement que de l'appropriation. L'usage que les stoïciens font de la notion d'*oikeiôsis* ira cependant dans le sens de l'appropriation, alors que Théophraste emploiera de préférence ce même terme dans le sens de l'apparentement. Et cela même si, dans tous les cas, c'est-à-dire dans les deux cas de figure retenus, et en dépit d'une *tension* dont il sera question dans un instant, il s'agissait chaque fois d'exprimer une *affinité* originelle, un rapport étroit, intime, presque immédiat, qui relève de « l'être » même, de sa *conservation comme tel ou de son maintien en lui-même.*

L'*oikeiôsis* est l'ancêtre de ce concept qui va prendre une importance capitale au cours des Temps modernes : le concept de conservation de soi. Or, la conservation de soi est une détermination fondamentale du *vivant.* Le vivant est considéré en effet comme ayant pour trait d'essence la capacité de se conserver soi-même – Spinoza dira : de persévérer dans son être. C'est dire si le maniement de la notion d'*oikeiôsis* recouvre un enjeu conceptuel considérable : il permet tout bonnement de réorienter la définition aristotélicienne (et canonique) de l'homme sur le genre plutôt que sur la différence spécifique. Grâce à l'*oikeiôsis*, on peut maintenant faire ressortir *zoôn* par rapport à *logos* ou *animal* par rapport à *rationale.* Un transfert de poids, une différence de pondération qui aura très vite pour effet de redessiner les contours de la raison humaine : mérite, dira-t-on, d'être qualifié de déraisonnable tout ce qui va à l'encontre de la capacité essentielle du vivant de *prendre soin* de sa propre vie. On entrevoit, dans ces conditions, à quoi est due la prochaine montée en puissance du thème de la compassion dans l'espace européen, pour autant justement que le compatissant est celui qui prend sur lui d'apporter ce même *soin* à autrui. En ce sens, le christianisme ne fera qu'amplifier cette culture « impériale » – en la rendant *impérieuse*.

Mais ne brûlons pas les étapes. Car ce qui aura joué un rôle décisif dans cette montée en puissance est l'œuvre de Théophraste. Cette pensée prouve en effet que la notion de *philanthrôpia* n'est pas seulement, comme dans le stoïcisme, étroitement apparentée (c'est le cas de le dire) à celle d'*oikeiôsis* ; que ce n'est donc pas seulement une notion jumelle, mais qu'elle est susceptible d'entrer – et de façon essentielle – *en contradiction* avec celle-ci. « Ce qui semble rendre le plus difficilement tenable la position stoïcienne, écrit à cet égard Élisabeth de Fontenay, c'est […] la notion d'*oikeiôsis*, d'affinité avec soi-même et avec ce qui peut servir à la conservation de son propre, car elle met la téléologie en contradiction avec elle-même et fragilise par conséquent l'expulsion hors du droit naturel qui frappe les animaux. *Oikeiôsis*, *oikeiotès* sont des mots formés à partir d'*oikeios*, "propre", et d'*oikeiousthai*, "s'approprier". On peut définir l'*oikeiôsis* comme la disposition naturelle, spontanée, de *tout vivant* [je souligne à dessein cette dernière locution] à se protéger et à se conserver lui-même en s'appropriant ce qui est nécessaire et en écartant ce qui est dangereux ; cela, en vertu d'une disposition fondée sur une sorte de conscience de soi-même qui fait que *le vivant* [je souligne à nouveau], de proche en proche, peut s'attacher à des objets de plus en plus éloignés de lui[1]. » Cette *recherche* « des choses salutaires », comme disait Cicéron, de même que cet *évitement* des choses dangereuses ne seraient pas possibles, ontologiquement parlant, si les vivants, ainsi que l'expliquait également Cicéron, « n'avaient pas conscience d'eux-mêmes et ne s'aimaient ainsi eux-mêmes ; d'où l'on doit conclure que le principe de leurs actions est dérivé de *l'amour de soi* »[2].

Oikeiôsis est un lointain avatar de la *philautia* aristotélicienne, de cet « amour de soi » qui, si l'on en croit Aristote et tant d'autres

1. É. de Fontenay, *Le Silence des bêtes*, *op. cit.*, p. 107.

2. Cf. Cicéron, *Des fins des biens et des maux*, III, V, 16 (cité par É. de Fontenay, *Le Silence des bêtes*, *op. cit.*, p. 107).

penseurs du phénomène, est au fondement du rapport compassionnel, et c'est précisément parce qu'il en est ainsi, que la *philanthrôpia* va pouvoir faire entrer dans son orbe « tout vivant », comme on le voit chez Théophraste et, mais à une moindre échelle, chez Plutarque. En effet, à cause d'un certain désajustement du sens, d'un certain « jeu » entre les significations respectives de l'*oikeiôsis* et de la *philanthrôpia*, voilà que la question de l'animal va pouvoir entrer, pour ainsi dire en catimini, à l'intérieur du débat chargé de définir l'unité du Tout. Alors que l'équation *humanitas* = *philanthrôpia* écarte de fait le vivant en général au profit des êtres doués de raison, l'équation *philanthrôpia* = *oikeiôsis* va – c'est toute la force et la singularité des Théophraste, Plutarque, Porphyre, Ovide, Lucrèce – changer la donne en profondeur.

« Théophraste [...] définit d'abord l'apparentement [*oikeiôsis*] des enfants issus des mêmes pères et mères, puis des mêmes grands parents ; ensuite, l'apparentement des citoyens d'une même cité, en vertu de la communauté de la terre ; enfin, l'apparentement de tous les hommes entre eux, qui s'explique ou bien par un ancêtre commun, ou bien par des mœurs, voire par une nourriture communes. Et il ajoute : "Pareillement nous posons que tous les hommes mais aussi tous les animaux sont de la même race parce que les principes de leur corps sont par nature les mêmes [...], et beaucoup plus encore parce que l'âme qui est en eux n'est pas différente par nature, sous le rapport des appétits, des mouvements de colère, des raisonnements aussi et par-dessus tout des sensations"[1]. » Ainsi, comme le souligne également É. de Fontenay au sujet de Théophraste et de la césure qu'il produit, « on assiste à l'extension de ce qui est commun ou appropriable, à un élargissement de la communauté, ce qui conduit à une *philanthrôpia* et même à une amitié pour les animaux. [...] Avant que les stoïciens n'imposent leur idéologie humaniste, leur cosmopolitisme tronqué, Théophraste énonce, contre ceux qui

1. É. de Fontenay, *Le Silence des bêtes*, *op. cit.*, p. 164-165. Le texte de Porphyre que cite ici É. de Fontenay est tiré du *Traité de l'abstinence*, III, 25, 3, 3, trad. J. Bouffartigue et M. Patillon, Paris, Les Belles Lettres, 1977-1979.

veulent voir une incompatibilité de principe, deux constats connexes qui construisent *une seule loi d'universalité* : d'une part, la *philanthrôpia* s'étend à tout le genre humain, laissant derrière soi comme non philosophique et non pieuse la distinction qui fait des seuls Grecs des hommes et transforme les Barbares en quasi-animaux privés du vrai langage qu'est la langue grecque ; d'autre part, la *philanthrôpia* ne laisse pas les animaux hors du champ de sa tendre bienveillance et les rassemble, au contraire, au bercail de l'*humanitas* »[1].

L'*oikeiôsis* théophrastéenne procède à une double substitution : elle substitue à l'idée d'*appropriation* celle d'« apparentement entre tous les vivants animaux », et en même temps elle substitue « une identité de peau et de chair à une communauté d'âme »[2]. Dans le même sens, l'*oikeiôsis* plutarquienne, bien que moins antistoïcienne dans son inspiration que celle de Théophraste, déplace les lignes. Mais c'est en faisant fond sur la notion sceptique de *praotès* (la « douceur ») qu'elle réussit à élargir la *philanthrôpia* aux animaux. Avec Plutarque, la *praotès* s'affirme en effet comme « le sentiment de *solidarité* de celui qui s'éprouve membre de la communauté des vivants, anneau dans la chaîne des êtres animés »[3]. Par ses accents pyrrhoniens, cette douceur-là se situe aux antipodes de l'*apathéia*, et cela, explique toujours É. de Fontenay, « dans la mesure où la sérénité, la "tranquillité d'âme" qu'elle implique ne comporte aucune impassibilité. Elle relève de la sensibilité, non de l'insensibilité, et elle consonerait plutôt avec cette *pietas* par laquelle le latin exprime à la fois la piété et la pitié, ou encore avec la "bénignité" que Montaigne évoque justement quand il parle de sa relation avec les bêtes familières »[4].

1. É. de Fontenay, *Le Silence des bêtes*, *op. cit.*, p. 165 (c'est moi qui souligne).
2. *Ibid.*, p. 187-188.
3. *Ibid.*, p. 185.
4. *Ibid.*, p. 186. La citation de Montaigne renvoie aux *Essais*, II, 11, *Œuvres Complètes*, éd. A. Thibaudet et M. Rat, Paris, Gallimard, « Bibliothèque de la Pléiade », 1976, p. 414.

Dans l'antiquité païenne, la question philosophique des relations humaines ne se posait que dans le cadre d'une *éthique* qui enseignait l'art de parvenir à la sagesse. Or, le sage se reconnaissait essentiellement à son autarcie, c'est-à-dire à sa capacité de se suffire à soi-même. Pour autant, la conquête de ce pouvoir ne le conduisait pas à la solitude : un sage, ce n'était pas un saint ; en tout cas, il n'avait rien de l'anachorète qui, dès les premiers temps du christianisme, estimait que son salut devait dépendre de son retrait du monde. Pour Aristote, par exemple, le sage, qui ne jouit que de se suffire à lui-même, peut parfaitement goûter à ce bonheur (savourer cette sapience) au milieu de ses parents, de ses enfants, aux côtés d'une épouse et en compagnie d'amis ou de concitoyens, car l'homme en général est par nature un animal sociable (*zoôn politikôn*), incapable de vivre sans les autres.

Il n'en est pas moins impossible de ramener la recherche stoïcienne ou épicurienne de la « tranquillité de l'âme » comme fondement de la sagesse à une attitude *égoïste*. Car dans la perspective où ce qui prime est la sagesse, non seulement l'âme individuelle ne saurait être comme telle séparée du Tout, mais sans l'harmonie à laquelle cette âme aspire, l'harmonie de l'univers ne saurait être davantage *garantie*. Dans l'épicurisme par exemple, l'accent n'a jamais été mis sur l'égoïsme présumé de la compassion ; en revanche, il était mis sur le *soulagement* que ce rapport à l'autre procure chaque fois à celui qui l'éprouve. Un soulagement suscité en effet par le fait que la compassion, dans la mesure où elle se définit comme une manière de « partager » la souffrance d'autrui, entraîne toujours l'être compatissant à reconnaître que c'est précisément un *autre* qui souffre *et pas lui*, et cela tant et si bien que cette différence entre l'autre et lui ne peut pas ne pas être agréable à ce dernier. C'est là une forme de « douceur » à laquelle Rousseau, bien plus tard, ne manquera pas de se montrer sensible, même si cette douceur prend chez lui un tout autre sens que chez Épicure. Il y a, de fait, comme une réminiscence épicurienne dans le passage suivant de l'*Émile* : « La pitié est douce, parce qu'en se mettant à la place de celui qui souffre, on sent pourtant le plaisir de ne pas souffrir comme lui[1]. » Or Rousseau dit cela à un endroit de son analytique de la compassion où il se préoccupe surtout d'en relever les aspects « critiques », c'est-à-dire égoïstes. Le contexte doctrinal est tout autre dans l'épicurisme : la compassion repose bien plutôt sur le constat préalable que les maux subis par autrui ont été à soi-même (c'est-à-dire en l'occurrence à l'individu en quête de sagesse) *heureusement* épargnés, ce constat agréable, si peu altruiste qu'il soit, ne pouvant pas ne pas conforter le prétendant à la sagesse dans sa recherche de tranquillité et sa volonté d'indépendance. Caractéristique de cette vision des choses : le commencement du chant II du *De natura rerum*, où Lucrèce, pour peindre les conditions de la sagesse, écrit ceci : « Douceur, lorsque les vents soulèvent la mer immense, /D'observer du rivage le dur effort d'autrui, /Non que le tourment soit jamais un doux plaisir /Mais il nous plaît de voir à quoi nous échappons[2]. » Où l'on se rend compte que même s'ils ne situent pas la contemplation des maux d'autrui du côté de la cruauté ou de la joie maligne, les deux derniers vers de la citation de Lucrèce n'en attribuent pas moins à cette contemplation, dont on ne peut nier qu'elle se situe à l'origine du comportement compassionnel, la valeur d'une disposition à la sagesse.

En règle générale, les épicuriens considéraient l'impression produite par la vue des misères d'autrui comme une façon d'assurer et de renforcer l'indépendance du sage – ce sage à propos duquel Nietzsche n'aura pas de mots assez sévères. Il est vrai qu'au chapitre de la compassion, Nietzsche n'aura pas non plus emprunté aux stoïciens, et ce quand bien même ceux-ci avaient exprimé un fort rejet de la compassion. En effet, à l'inverse des épicuriens, Sénèque accusait la compassion de contrecarrer, en raison de son « pathétisme », la véritable visée de l'homme sage ou en quête de sagesse, qui n'est autre que l'indépendance ou l'autarcie. De fait, quand nous compatissons, ne nous rendons-nous pas sensibles à ce qui précisément ne

1. J.-J. Rousseau, *Émile*, *OC* IV, p. 504.

2. Lucrèce, *De natura rerum*, trad. José Kany-Turpin, Paris, Garnier-Flammarion, 1998, p. 115.

dépend pas de nous ? Et cette sensibilité ne nous rend-elle pas encore plus *vulnérables* que nous le sommes quand nous ne faisons pas encore l'épreuve de la douleur d'autrui ? Aussi, cette douleur, est-il recommandé de la fuir. Le sage, nous dit-on, se doit, lui, grâce à la maîtrise de soi qui le caractérise, d'être *impassible* – et cette impassibilité qu'il a conquise ne résulte jamais que de son *indifférence* aux malheurs d'autrui. « La compassion, déclare Sénèque, est une impression maladive produite par la vue des misères d'autrui ou encore un chagrin causé par les maux d'autrui, que nous trouvons immérités ; or le sage n'est sujet à aucune maladie morale ; son esprit est serein et nul événement au monde n'est capable de l'assombrir[1]. » Il y insiste encore plus loin (ce dont Nietzsche se souviendra très certainement) : « La compassion est l'état morbide des âmes qu'épouvante à l'excès la misère ; et en faire un devoir au sage revient à peu près à lui demander des lamentations et des gémissements aux obsèques d'une personne qui lui serait étrangère[2]. » Du sage, il ne faut donc pas dire qu'il s'apitoie, mais seulement qu'il est secourable : « Ainsi, comme l'écrit encore Sénèque un peu plus haut dans le *De Clementia*, où il se plaît non seulement à opposer clémence et pitié, mais à rapprocher aussi tellement cette pitié de la *commisération* qu'elles finissent par se confondre, [ainsi, donc,] le sage ne s'apitoiera point, mais il secourra, mais il se rendra utile, parce qu'il est né pour assister tout le monde et pour assurer le bonheur public, dont il donnera à chacun sa part[3]. » La distinction de l'apitoiement et du « porter secours » se trouve aussi chez Cicéron, qui s'indigne de la sorte : « Au lieu d'avoir pitié d'un malheureux, que ne l'assistez-vous, si vous pouvez ? [...] nous ne devons pas en

1. Sénèque, *De Clementia*, II, V, 4, cf. *Entretiens. Lettres à Lucilius*, *op. cit.*, p. 217, cité par A. Schopenhauer au § 19 de son *Fondement de la morale* (cf. *Les Deux Problèmes fondamentaux de l'éthique : Sur le fondement de la morale*, trad. Ch. Sommer, Paris, Gallimard, « Folio essais », 2009, p. 388), ainsi que par E. Housset, *L'Intelligence de la pitié. Phénoménologie de la communauté*, Paris, Cerf, coll. « La nuit surveillée », 2003, p. 20, avec cependant une erreur dans la référence.
2. Sénèque, *De Clementia*, II, VI, 4, éd. cit., *op. cit.*, p. 219.
3. *Ibid.*, II, VI, 3, éd. cit., *op. cit.*, p. 218.

effet nous charger pour les autres de leur douleur, mais si c'est en notre pouvoir, les en soulager[1]. » Mais quel sens y a-t-il à vouloir ainsi séparer, comme croient devoir le faire les stoïciens, le partage inhérent à la pitié – à supposer toutefois que celle-ci se tienne à bonne distance de la pure lamentation – du geste consistant à secourir ou tenter de secourir une personne malheureuse ?

Les épicuriens et les stoïciens s'opposent quant au statut à accorder à la compassion. Autant l'épicurisme lui fait une place, autant le stoïcisme la condamne. Mais la place sans grande portée que Lucrèce, par exemple, lui accorde ne rend pas pour autant souhaitable de se porter au secours d'autrui : les malheurs d'autrui ne sont à partager (ne valent d'être partagés) que dans la mesure où ils permettent de mesurer combien celui qui les partage en est exempt, ce soulagement participant de l'ataraxie que le sage doit pouvoir conquérir et savoir préserver. Sans doute la *douceur* qui s'attache à la compassion va-t-elle à l'encontre de ce que pensait Aristote (il ne voyait dans la compassion qu'un sentiment désagréable), mais elle ne contredit en rien l'appétit de sagesse que tous les philosophes de l'antiquité ont en commun. Cet appétit de sagesse n'est pas davantage contredit par la sévère condamnation à laquelle les stoïciens soumettent la pitié. Mais, au rebours exactement des épicuriens, Cicéron et Sénèque ne portent pas tout le poids du grief sur le « porter secours », mais sur le « partage affectif » lui-même. Pour eux, il demeure essentiel de tendre la main au naufragé ou de donner l'hospitalité au banni, même si un sage doit en toutes circonstances se garder de toute « misère morale »[2].

Mais l'existence de ce chiasme conceptuel ne saurait dissimuler l'émergence d'une certaine contradiction venant ébranler jusqu'à la consistance du sens conféré à l'*universel.* Telle est en effet la question qui se pose : comment l'élargissement progressif (et non linéaire) de la *philanthrôpia* à tous les êtres vivants et la modification du concept d'*humanitas* que cet élargissement entraîne peuvent-ils encore

1. Cicéron, *Tusculanes*, IV, 36, 56.
2. Cf. Sénèque, *De Clementia*, II, VI, 1-2, éd. cit., *op. cit.*, p. 218.

s'accorder avec les déterminations de la compassion héritées d'Aristote, à savoir la double exigence de proximité et de similitude ?

Cette contradiction, qui se fonde somme toute sur l'inconciliable différence entre la Cité et l'Empire, va trouver une forme de résolution dans le christianisme, ou plutôt grâce à lui. Comment ? En redéfinissant de fond en comble les dimensions de la *philanthrôpia*, cette sphère déjà ouverte à l'ensemble des *vivants*, mais aussi, et surtout, en donnant à l'*humanitas* – à la vertu d'humanité – un sens compassionnel, fondé sur l'amour du *prochain*.

« Si le philosophe grec parle aussi de son *prochain* (*o plesion* ou *o pelas*), il le conçoit simplement comme le *proche*, comme l'homme auquel il est lié par certaines relations de "proximité", locale ou spirituelle. Mais il ne se conduit pas en *prochain*, au sens biblique du mot, car il ignore ce don de soi total par lequel le chrétien se met au service du premier venu, pour répandre sur lui un peu de cet amour dont Dieu est la source et qui ne fait acception de personne[1]. » – Sur le chemin qui mène d'une conception de l'Un-Tout à une autre, c'est-à-dire en l'occurrence d'une cassure produite dans l'hellénisme par la logique impériale, à cette unification dans l'innombrable dont nous sommes désormais planétairement les hérauts, quatre étapes sont ainsi à relever :

1. La première étape naît de la portée incommensurable dont va bénéficier la doctrine de saint Paul, en tant que fondateur d'un nouvel universalisme et auteur de la célèbre formule : « Il n'y a ni hommes ni femmes, ni Juifs ni Grecs, ni hommes libres ni esclaves ; car tous vous ne faites qu'un dans le Christ Jésus » (Épître aux Galates, 3, 27-28). Comme le résume Roger-Pol Droit dans *Généalogie des barbares* : « Tous, en tant qu'humains, se retrouvent frères dans le Christ. Cette disparition générale des singularités signe la

1. A.-J. Voelke, *Les Rapports avec autrui dans la philosophie grecque d'Aristote à Panétius*, *op. cit.*, p. 187.

naissance d'un nouvel universel. Cet universel vivant, englobant, christique, par sa seule venue a brûlé définitivement, aux yeux de l'apôtre, l'ensemble des séparations humaines » – et j'ajouterais : pas seulement humaines, puisque l'incendie va peu à peu s'étendre aux frontières qui séparaient, très nettement jusque-là, l'ordre supposément humain de ce qui ne méritait pas un tel nom, consumant en premier la ligne de partage entre l'humain et l'animal[1]. Si bien que « par la suite, une fois la référence au Christ affaiblie ou disparue, cet universel apparaîtra comme le résultat d'une opération de soustraction de toutes les particularités individuelles, ethniques, religieuses ou sexuelles. Quand toutes se trouvent mises entre parenthèses ne subsiste que l'affirmation d'une seule et unique dignité humaine »[2].

2. La deuxième étape est définie par l'humanisme de la Renaissance, pour autant qu'il repose justement sur la mise en valeur de la

1. Une des bornes les plus importantes sur le chemin conduisant à l'enracinement ontologique de la compassion comme *confraternité*, est l'œuvre et la pensée de saint François d'Assise. Celles-ci sont essentielles pour comprendre la place de plus en plus prépondérante du fraternalisme compassionnel. « Frère François », que Max Scheler présente comme « l'un des plus grands modeleurs d'âmes et d'esprits de l'histoire de l'humanité européenne », fut le premier à traiter de « frères » et « sœurs » à la fois des êtres qui font partie du *genre humain*, des êtres qui rentrent, à titre de *vivants*, sous la rubrique de l'*oikeiôsis*, et des êtres qui n'y rentrent pas, tels que les arbres et les fleurs, le soleil et la lune, l'eau et le feu, notamment. Comme l'explique M. Scheler dans des pages superbes consacrées au fondateur de l'Ordre des frères mineurs, la nature est pour ce dernier « le champ d'expression de cette vie une et débordante qui s'incarne dans les produits de la nature comme en autant de manifestations successives d'elle-même, et seule la "pénétration du cœur", qui dépasse la simple sympathie de l'amour secourable, est capable de percevoir du dedans cette vie divine de la nature » (*Nature et formes de la sympathie*, trad. M. Lefebvre, Paris, Petite Bibliothèque Payot, 1971, p. 131). Quand saint François dit « frère » et « sœur » à tout ce qui participe, fût-ce indirectement, de cette *vie une et débordante*, il sait très bien ce qu'il fait : il emploie un mot qu'il était interdit d'employer jusque-là à l'égard de *l'ensemble de ce qui est*. Cette interdiction, de nature idéologique, portait sur le décloisonnement possible des « règnes », pour autant qu'il aurait pour effet de remettre en question la supériorité de l'homme sur le reste de l'étant. Or, en faisant ainsi du Tout un Tout *confraternel*, en « fraternalisant » la pierre, le roseau, les oiseaux, les astres et les humains, c'est-à-dire en enjoignant à ces derniers de *fraterniser* avec la Création tout entière, le moine ne faisait rien d'autre qu'*actualiser hyperboliquement* une potentialité restée en germe à l'intérieur de la dogmatique chrétienne. D'où le succès de son entreprise.

2. R.-P. Droit, *Généalogie des barbares*, Paris, Odile Jacob, 2007, p. 165.

notion de *dignité humaine* (cf. le traité de Pic de la Mirandole). Cette notion capitale dont les contours, jusqu'à aujourd'hui, sont des plus mal assurés, n'en contribue pas moins à assurer sa consistance au « nouvel universel ».

3. La troisième étape, c'est la révolution qui va se produire dans le domaine des sciences physiques et mathématiques à l'orée des temps dits modernes, lorsqu'au monde clos de la cosmologie aristotélicienne va se substituer de plus en plus nettement l'univers infini de Newton, pour reprendre l'excellente formule d'Alexandre Koyré.

4. Enfin, la quatrième étape est constituée de la philosophie des Lumières, ou d'*une certaine* philosophie des Lumières, celle qui tente d'indexer la *fraternité* des hommes sur la Terre, c'est-à-dire *leur confraternité d'êtres vivants*, leur *co-naturalité* plus exactement, sur leur *égalité* présomptive. Cette dernière étape, qui est l'étape ultime, est celle qui a rendu d'abord possible, puis effectif, la planétarisation de la compassion comme « religion universelle » ; elle scelle l'extension globale de son empire – en ce sens que le « lien social » noué par la compassion apparaît comme le seul à pouvoir transcender les clivages identitaires, ethniques, politiques, nationaux, législatifs, culturels, etc., à surmonter donc tout ce qui peut encore tenir les hommes sinon en conflit les uns avec les autres, du moins à l'écart les uns des autres –, dans la mesure même où cette « étrange relation » qu'est la compassion *procède à l'intériorisation de ces liens extérieurs et plus ou moins objectifs que sont par définition la fraternité et l'égalité*. C'est là, me semble-t-il, toute la singularité dont peut se prévaloir cette *religio* moderne, cette religion de la fraternité égalitaire, communautaire et compassionnelle, qui transforme toute communauté compassionnelle en une *confraternité*. Et j'ajouterais au sujet de cette singularité déjà ancienne, et si évidente à plus d'un titre, qu'elle n'est pas sans s'être doublée d'un avantage certain à une époque, la nôtre, où, sous l'empire de ce qu'il est convenu d'appeler en français la mondialisation, la communauté humaine s'est dotée d'une cohérence nouvelle, autrement dit où la notion à l'origine cicéronienne de *communis hominum inter homines naturalis commendatio* a resurgi et s'est montrée sous

un tout autre jour, et avec un tout autre sens, et cela quand bien même ce jour et ce sens n'impliqueraient pas forcément que la chose désignée par cette notion, c'est-à-dire le Tout dont il y est question, possède bel et bien une unité de cohésion réelle.

Outre qu'elle permet l'*intériorisation éthique* de la confraternité – et l'on aura compris que par ce mot de « confraternité » il faudrait entendre la conjonction de cette fraternité de fait et de cette égalité de droit que la Révolution française aura *tenté d'instituer et ainsi d'extérioriser sur les plans juridique et politique* –, la compassion a encore ceci d'avantageux qu'elle possède la capacité d'outrepasser les différences de « qualités » pour ne plus viser *dans l'autre* que ce qui, pour être communément *partagé*, peut être mis en commun, à savoir son « existence » même en l'insondable nudité de son « fait ». La compassion est le partage de ce partage, le partage de la similitude. Pour elle, le « semblable » auquel elle « s'identifie » n'est pas tant ce qui a même forme *humaine*, et ce n'est pas tant non plus la forme humaine de la vie (cette forme n'impliquerait-elle pas, comme le rappelle Derrida, « toute une culture déterminée, par exemple la culture européenne, gréco-abrahamique, en particulier chrétienne qui installe la valeur de prochain ou de frère dans l'universalité du monde, comme ensemble de créatures » ?)[1]. Non : ici la similitude caractérise ce qui vit en général, c'est-à-dire ce qui se ressemble sans se ressembler, ce qui se rassemble sans se rassembler, *ce qui vit comme tel et qui, pour cela, du fait même qu'il est en vie, ne cesse de se souffrir soi-même, de sorte que sur la base d'un tel Souffrir, il lui est possible de souffrir ceci ou cela, et de souffrir de ceci ou de cela ; la similitude renvoie donc à la passivité et à la passibilité du « vivre » que désigne le Souffrir, pour autant qu'elles se trouvent hissées au rang de « trait unitaire » et qu'elles deviennent par là même pur objet d'identification.*

La compassion, cette hétéro-affection que Schopenhauer présentera comme « un fait indéniable de la conscience humaine » et dont il dira dans un texte important qu'à cette conscience humaine

1. J. Derrida, *Séminaire. La bête et le souverain. Volume I (2001-2002)*, édition établie par M. Lisse, M.-L. Mallet et G. Michaud, Paris, Galilée, 2008, p. 153.

elle est « essentiellement propre », qu'« elle ne repose pas sur des présuppositions, des concepts, des religions, des dogmes, des mythes, l'éducation et la culture », puisqu'« elle est au contraire originaire et immédiate, elle est inhérente à la nature humaine et demeure donc valide dans toutes les circonstances, elle se manifeste dans tous les pays et à toutes les époques. C'est pourquoi, ajoutera-t-il, on peut assurément faire appel à elle en tout lieu, en tant qu'elle est nécessairement présente en chaque homme : nulle part elle ne fait partie des "dieux étrangers". À l'inverse, on appelle celui à qui elle semble faire défaut un être inhumain, de même on emploie souvent "humanité" comme synonyme pour "compassion" »[1] – cette hétéro-affection, donc, la compassion, que certains, on l'a vu et on le verra encore, décrivent comme une *auto-infection*, alors même que selon toute vraisemblance s'accomplit en elle et par elle la véritable *humanitas* de l'homme, a en effet ceci d'incomparable et d'inestimable à la fois qu'elle opère pour ainsi dire de son propre chef, autrement dit *par nature*, cette *soustraction de toutes les particularités individuelles, ethniques, religieuses ou sexuelles* dont saint Paul pensait que la conscience ne viendrait aux hommes qu'au prix de leur conversion religieuse, cette opération de soustraction se réalisant au profit d'un trait unique, seul retenu : le fait d'être vivant et d'avoir donc, pour avoir reçu la vie, à être sujet de la réceptivité même, c'est-à-dire à *souffrir* tout ce que le « vivre » nous donne à tout instant d'éprouver.

L'artisan privilégié et décisif de cette ultime étape sur le chemin de l'*universel pluriel*, celui qui fut surtout le grand prêtre de cet « universel imaginé »[2], de ce « fraternalisme égalitaire » auquel

1. A. Schopenhauer, *Les Deux Problèmes fondamentaux de l'éthique : Sur le fondement de la morale*, § 17, *op. cit.*, p. 343-344.
2. J.-C. Milner, « Une conversion sur l'universel », *op. cit.*, p. 90. La force des arguments de J.-C. Milner tient au fait qu'à l'universel imaginé, à l'universel en *extension*, il oppose un universel réel, en *intension*, qui s'accomplit *comme un nom de première personne*, c'est-à-dire qui « trouve sa forme d'élection dans le singulier de première personne », ce que le *nom juif* affirme depuis des millénaires, lui qui est un nom « en tant, justement, qu'il n'est pas un autre » (*ibid.*, p. 91 et 86).

nous sacrifions désormais la meilleure part de nous-mêmes, la part du *partage* précisément, est Jean-Jacques Rousseau.

Premier penseur occidental à avoir songé, dans le droit-fil du christianisme, à rattacher l'Universel au principe d'Égalité, Rousseau, en traitant de « l'inégalité parmi les hommes », ne s'en est pas seulement pris aux inégalités sociales et politiques, il a aussi, et surtout, pris pour cible une inégalité de nature *idéologique*. Pour lui, en effet, l'inégalité entre les hommes repose secrètement sur une métaphysique fabriquée de toutes pièces qui identifie le Tout à une Grande Chaîne des Êtres, où ceux qui ont plus de « perfections » (mais qui juge de la nature de ces perfections ?) sont censés dominer ceux qui en ont moins. Sans doute « la société » est-elle bâtie sur de telles différences, mais « la nature », elle, *la nature comme sentiment intérieur, c'est-à-dire comme vie*, les ignore complètement : sa « bonté » est telle qu'elle constitue un ordre unissant tous les individus vivants sous un même rapport d'égalité. Invisible, ce « plan de la vie » n'a rien de hiérarchique. Et c'est précisément parce qu'il ne se fonde pas sur des différences d'être ou d'avoir, de biens ou de puissance, qu'il se trouve exempt de tout « mal »[1].

Ainsi, plus les hommes se sont laissés réunir sous la bannière de leur propre « humanité » et plus le cercle de la compassion – le contour de son extension, homologue, au temps d'Aristote, à l'orbe de la Cité – est allé en s'élargissant. Si le progressisme fut bien un humanisme, il ne pouvait être autrement que compassionnel. Cela se soutient de ce que la notion de « prochain » en est venue à qualifier le semblable et que le semblable a lui-même peu à peu englobé le plus lointain. Si le Grec disparaît en même temps que le Barbare, c'est parce qu'aux barbares l'on a substitué la barbarie. Une barbarie qu'à la chute de l'empire romain l'on s'est empressé d'intérioriser, comme pour mieux en circonscrire les funestes effets[2]. L'existence du mal, ce n'est pas le fait de certains hommes, comme on se l'était imaginé à tort ; l'existence du mal, c'est à l'homme lui-même et

1. Je me permets de renvoyer à mon ouvrage, *Rousseau : une philosophie de l'âme*, *op. cit.*, p. 304-337.

2. À ce sujet, voir également R.-P. Droit, *Généalogie des barbares*, *op. cit.*, p. 143-205.

comme tel qu'elle incombe. Le mal ne vient pas de l'étranger, il vient du plus familier, de ce qui constitue notre humanité même. Nous sommes inhumains par humanité. En est responsable la liberté mise au cœur de l'homme comme sa part la plus irréductible[1]. Le mal n'est pas extérieur à l'âme humaine ; à la rigueur il lui est « extime », il se tient sur le bord extérieur de son intériorité. Comment, dès lors, lui faire obstacle ? Si le mal n'est pas étranger à soi, si le Soi n'est jamais affranchi de tout mal, alors le remède, en tout dernier ressort, ne peut se situer hors de soi : ce sera donc, sinon à la conscience dite morale de faire entendre sa voix, du moins (car c'est plus sûr) à la souffrance elle-même de se porter au secours de la souffrance. Autrement dit, le vrai remède est dans le mal – et ce quand bien même le vaccin à inoculer créerait par lui-même des pathologies incurables.

Dans la doctrine rousseauiste de la pitié, telle qu'elle s'énonce pour la première fois dans le *Discours sur l'origine et les fondements de l'inégalité parmi les hommes*, « l'amour de soi » se présente également comme la condition de possibilité de la pitié. Bien sûr, ce constat, si aveuglant soit-il, ne doit pas nous cacher les différences entre Aristote et Rousseau, c'est-à-dire, si l'on élargit le champ, entre la position des Anciens et celle des Modernes que nous sommes. Comme je l'ai rappelé plus haut, pour Aristote, la manifestation de la compassion présuppose l'existence du lien social ou politique, la réalité transcendantale de l'être-l'un-avec-l'autre, pour le dire à la façon de Heidegger. Chez Rousseau, c'est l'inverse : il appartient au lien social ou politique de présupposer, comme sa condition transcendantale, l'existence du phénomène de la compassion. Car c'est justement lui qui le rend possible. La compassion est donc plus qu'une vertu : c'est la condition de possibilité de tout *Mitsein*, de tout être-avec. C'est l'accès premier à autrui – un accès qui précède tout « rapport » conscient à autrui, à plus forte raison toute réflexion, bref, toute visée de la conscience, si cette visée se trouve vouée à poser « l'autre » dans sa représentation (ou dans sa signification) d'*alter ego*. Aristote,

1. C'est à ce principe que Schelling adossera sa métaphysique de la liberté humaine, celle-là même qui aura tant fasciné Heidegger à l'époque où il frayait avec les nazis.

lui, ne s'intéresse pas à la compassion comme à un trait ontologique – un « principe de l'âme », comme l'appelle Rousseau – ; il s'y intéresse plutôt comme à une certaine disposition de l'âme, une disposition qui ne devient effective qu'au sein de la Cité et qui ne prend sens qu'à donner sens à un échange de paroles où se joue le destin de la liberté de tous. Par conséquent, s'il importe de rapprocher, sur certains points, la position de Rousseau de celle d'Aristote, il ne faut pas moins se garder de confondre, comme le font encore certains interprètes de la pensée de Rousseau[1], l'amour de soi (la *philautia*) et l'amour-propre. De même, il convient de ne pas mélanger les contextes doctrinaux dans lesquels Rousseau aborde par trois fois la question de la compassion. En effet, dans l'œuvre de Rousseau, trois textes, ou plutôt trois ensembles de textes, proposent une théorie de l'expérience originelle et affective d'autrui. Des analyses qui tentent, toutes les trois, de rompre avec le solipsisme dressé en apparence par ce « premier principe de l'âme » qui régit la subjectivité de l'individu vivant et que Rousseau appelle l'*amour de soi*. Les textes qui traitent de la pitié sont issus : (*a*) du *Discours sur l'origine et les fondements de l'inégalité parmi les hommes* (*OC* III, p. 155-156) ; (*b*) de l'*Essai sur l'origine des langues* (*OC* V, p. 395-396) ; (*c*) de l'*Émile* (*OC* IV, p. 505-509). Étant donné que dans un précédent ouvrage consacré à Rousseau[2], je me suis préoccupé d'interroger et d'interpréter sa théorie de la pitié, il ne me semble pas utile d'en répéter ici les principales étapes. Je me bornerai plutôt à faire remarquer, *premièrement*, qu'il devrait être rigoureusement impossible, quand on traite de la compassion, d'écarter l'approche rousseauiste de la question – et *deuxièmement*, que tout ce que je serai amené à dire ici de la position de Rousseau pourrait servir de complément à ce que j'ai déjà eu l'occasion de formuler ailleurs.

Je commencerai par rappeler que dans son *Discours sur l'origine et les fondements de l'inégalité parmi les hommes*, Rousseau a pris le parti

1. Comme par exemple – on va le voir – François Jullien dans *Dialogue sur la morale*, Paris, Grasset, 1995, repris dans la collection du Livre de Poche « Biblio Essais », p. 27.
2. P. Audi, *Rousseau : une philosophie de l'âme*, *op. cit.*, p. 105-133 et p. 421-433.

de fonder la vertu d'humanité sur la compassion – contrairement à Schopenhauer qui, quand il se préoccupera plus tard d'emboîter le pas à Rousseau, se bornera à les identifier l'une à l'autre, soutenant par là une position bien moins radicale que celle défendue avant lui par Rousseau. Pour l'auteur du second *Discours*, en effet, « toutes les vertus sociales », y compris la vertu d'humanité, « découlent » de « cette seule qualité » : la pitié. Car, comme il l'explique alors, « qu'est-ce que la générosité, la clémence, l'humanité, sinon la pitié appliquée [respectivement] aux faibles, aux coupables, ou à l'espèce humaine en général ? »[1] En fait, toute la thèse de Rousseau au sujet de la compassion, toute son apologie de la compassion, se trouve concentrée dans ces lignes tirées de l'*Émile* : « [...] quand la force d'une âme expansive m'identifie avec mon semblable, que je me sens pour ainsi dire en lui, c'est pour ne pas souffrir que je ne veux pas qu'il souffre ; je m'intéresse à lui pour l'amour de moi, et la raison du précepte est dans la nature elle-même qui m'inspire le désir de mon bien-être en quelque lieu que je me sente exister[2]. » Comme je viens de l'indiquer un peu plus haut, cette remarque centrale et cruciale, il me paraît erroné de la comprendre à la façon de François Jullien, qui y voit bien à tort la preuve que Rousseau serait toujours resté « prisonnier » d'une « logique de l'égoïsme »[3]. Car c'est justement parce que la logique de l'*amour de soi* n'a rien à voir avec une logique de l'égoïsme, ni même avec la logique du « narcissisme », qu'il n'y a pas l'ombre d'une « ambiguïté »[4] dans la conception rousseauiste ! C'est aussi pour cette raison que la phrase de l'*Émile* à l'instant citée n'est pas non plus à entendre comme sortie de la bouche d'un supposé « fondateur de l'individualisme »[5] ! Non, Rousseau, il est peut-être nécessaire de le rappeler au regard de pareilles confusions, fut bien plutôt le penseur qui entendait justifier par son œuvre cette proposition capitale : « Notre plus douce existence est

1. J.-J. Rousseau, *Discours sur l'origine et les fondements de l'inégalité parmi les hommes*, *OC* III, p. 155.
2. Cf. J.-J. Rousseau, *Émile*, *OC* IV, p. 523.
3. F. Jullien, *Dialogue sur la morale*, *op. cit.*, p. 27.
4. *Ibid.*
5. Cf. *ibid.*, p. 28.

relative et collective, et notre vrai moi n'est pas tout entier en nous. Enfin telle est la constitution de l'homme en cette vie qu'on n'y parvient jamais à bien jouir de soi sans le concours d'autrui[1]. »

On ne refusera donc pas de rapprocher cette dernière affirmation de Rousseau de ce que F. Jullien remarque d'ailleurs lui-même dans un autre chapitre de son livre au sujet de la doctrine de Mencius, philosophe chinois du IVe siècle avant notre ère : « [...] si la réaction d'insupportable est immédiate, face à ce qui menace autrui, [ce que, n'en déplaise à F. Jullien, soutient aussi Rousseau,] cela suppose que, d'une certaine façon, autrui soit déjà présent en moi. Un paragraphe du Mencius nous oriente en ce sens (VII, A, 4) : "Mencius dit : tous les existants se trouvent impliqués en moi. [...]"[2]. » Ce à quoi F. Jullien apporte aussitôt la clarification suivante : « Mais il n'y a pas là culte de l'ineffable : le fait que tous les existants soient dits "impliqués" en moi (que j'en sois complètement muni au départ ; sens de *bei*) signifie simplement – mais ce sens est immense – que je me trouve en relation *radicale* avec eux (c'est-à-dire qui me prend à la racine de mon être) – *branché* sur eux ; donc que je me trouve originairement concerné par eux[3]. » En effet, conclut-il, « en étant [...] touché par l'autre, je me sens [...] concerné par son existence, je prends conscience du lien qui nous unit *radicalement*, entre existences – de notre *fonds commun* d'humanité »[4].

On l'aura compris : une doctrine de la compassion consisterait à offrir tout d'abord un statut *ontologique* à l'adverbe « radicalement ».

À ce stade, pour autant, une chose au moins est sûre : si la compassion, en tant qu'espèce de « sympathie », en tant que cette « répugnance naturelle à voir périr ou souffrir tout être sensible et principalement nos semblables »[5] comme quoi Jean-Jacques Rousseau la définit avec beaucoup de précision, si donc la compassion

1. J.-J. Rousseau, *Dialogues. Rousseau juge de Jean-Jacques*, *OC* I, p. 813.
2. F. Jullien, *Dialogue sur la morale*, *op. cit.*, p. 81.
3. *Ibid.*, p. 82-83.
4. *Ibid.*, p. 84-85.
5. J.-J. Rousseau, *Discours sur l'origine et les fondements de l'inégalité parmi les hommes*, *OC* III, p. 126.

porte à agir, au sens de « venir en aide », c'est bien parce que le sentiment dont elle relève est à inscrire au tableau des *émotions*.

Compatir est en effet ce *pathos* qui a ceci de caractéristique qu'il met l'être en mouvement, c'est une réaction qui fait agir. Toujours dans son *Dialogue sur la morale* où il prend appui sur la doctrine de Mencius, F. Jullien appelle cette réaction : « la réaction d'insupportable face à ce qui menace autrui », et il la décrit en ces termes : « La réaction d'insupportable se lit exactement de cette manière : elle est, dans l'interaction qui s'établit entre moi et l'autre (à partir de la différence des situations), l'incitation qui, provenant de l'autre et se répandant par mon affectivité, suscite aussitôt ma réaction. L'émotion qui la caractérise est donc une *é-motion*, dont le pouvoir de mise en branle, à l'intérieur de moi, échappe à mon intérêt comme à ma réflexion. C'est de ce phénomène que vient l'initiative – et non du moi comme instance isolée ; c'est pourquoi, avant même de pouvoir me reprendre, je me sens précipité hors de moi (par exemple pour sauver l'enfant [sur le point de tomber dans un puits, selon l'exemple dont se sert le *Mencius*])[1]. »

Il faut toutefois tenir compte de ce que remarquait déjà Spinoza. À savoir que quand on *réagit* à la douleur d'autrui, l'émotion qui s'ensuit peut provoquer un mouvement de deux sortes : ou bien cette émotion commande que l'on se détourne subitement de la douleur d'autrui, parce qu'on la ressent justement comme insupportable, ou bien cette émotion exige de se porter au secours du malheureux, au nom de cette insupportabilité même.

Même débarrassée de son arrière-plan philosophique, c'est-à-dire, au fond, de toute imprégnation *stoïcienne*, la position qui met en avant l'aspect non éthique de la compassion a encore trouvé, au cours des Temps modernes, que ce soit dans l'*Éthique* de Spinoza ou dans la *Critique de la raison pratique* de Kant, de quoi se renforcer.

1. F. Jullien, *Dialogue sur la morale, op cit.*, p. 32.

Pour Kant, la compassion relève de cet « effort non commandé et entrepris spontanément » qui diffère en tout point du « devoir » en tant que soumission inconditionnelle à la loi morale. La non-impérativité et le spontanéisme dont elle témoigne l'éloignent inexorablement du *fondement* de la « métaphysique des mœurs ». Quant à Spinoza, il définit unilatéralement la compassion comme « tristesse née du mal subi par autrui »[1]. Je dis « unilatéralement », parce que cette définition ne tient aucun compte de ce Schopenhauer aura à cœur de mettre en avant, à savoir l'acte de porter secours à autrui : second moment de la définition, comme je l'ai indiqué plus haut, cet acte doit être considéré comme essentiel à la compassion, comme inhérent à son concept, et pas le moins du monde comme l'une de ses conséquences possibles[2]. Spinoza voit aussi dans la compassion, et c'est sans doute en cela que consiste la sévérité de sa critique, la plus triste des « passions tristes ». Tout le discrédit dont il l'affuble repose sur sa *passivité* radicale. Qu'il me suffise de citer à cet égard l'explication qu'en donne un commentateur avisé : « Comme autre de la raison, la pitié est une réponse inadéquate et donc inefficace aux malheurs du monde. Certes, malgré son aveuglement, elle est peut-être préférable à l'injustice, mais

1. Spinoza, *Éthique*, III, XXII, scolie. Le texte central qui explicite la position de Spinoza au sujet de la pitié se trouve au livre IV, prop. L.

2. En bon lecteur de Schopenhauer, Bergson ne manquera pas de confirmer ce trait : « [...] la souffrance nous fait naturellement horreur. Il est possible que ce sentiment d'horreur se trouve à l'origine de la pitié ; mais un élément nouveau ne tarde pas à s'y joindre, un besoin d'aider nos semblables et de soulager leur souffrance » (*Essai sur les données immédiates de la conscience*, in *Œuvres*, édition du Centenaire, Paris, PUF, 2001, p. 16). Le passage d'où ces phrases sont extraites tourne entièrement autour de la question de la pitié – il s'agit d'établir une distinction entre les « formes inférieures de la pitié » et la « pitié vraie ». Le point de vue de Bergson, qui assimile d'emblée la pitié à un phénomène noétique, c'est-à-dire qui la comprend comme un rapport de la *pensée* à la souffrance d'autrui, mériterait assurément une analyse spécifique, trop longue en tout cas pour que nous la fournissions ici. On s'apercevra cependant de ce qui nous sépare de la position de Bergson à la lecture des « considérations » établies ci-après. Retenons toutefois de Bergson cette idée essentielle : que compatir sans agir n'est qu'une parodie de compassion, une dérision de la morale ; que la compassion qui n'entraîne pas dans son expression même le « porter secours à... » n'en est pas une, tout simplement ; bref, que de même que science sans conscience n'est que ruine de l'âme, compassion sans action est imposture du cœur.

elle n'a aucune place dans la communauté des sages et dans un État dont les lois sont fondées en raison. Procédant au hasard, sans discernement, la pitié n'appartient pas à l'essence de la socialité : elle peut tout aussi bien conduire à fuir les hommes qu'à se rapprocher d'eux, et si elle fait le bien c'est presque par pure coïncidence puisque notre émotion peut produire des effets tout fait inverses[1]. »

Bien sûr, parmi les grands philosophes des Temps modernes, feront exception à cette mise en question de la pitié Hume et Rousseau – Rousseau étant aussi la principale référence de Schopenhauer à qui l'on doit d'avoir cherché à fonder la morale sur cette seule « vertu d'humanité ». En revanche, sur le chemin qui mène aux récriminations de Nietzsche, on trouve La Rochefoucauld, Vauvenargues, quelques autres moralistes français, la charge de ces critiques portant sur le caractère profondément hypocrite ou honteusement pusillanime des compatissants[2]. (Il faut ici préciser que Rousseau – et c'est là notamment ce qui fait de lui *le* grand penseur de la compassion – n'a pas manqué de faire état de ces critiques dénonciatrices, puisqu'il a tenu compte expressément de l'aspect « moralement négatif » d'un certain type de pitié, ce qui fut évidemment pour lui une habile façon de répondre à ses contempteurs passés, présents et futurs. Ainsi, s'agissant exclusivement de la pitié tragique, Rousseau écrit en réponse à l'article « Genève » rédigé par d'Alembert pour *L'Encyclopédie* : « J'entends dire que la tragédie mène à la pitié par la terreur ; soit, mais quelle est cette pitié ? Une émotion passagère et vaine, qui ne dure pas plus que l'illusion qui l'a produite ; un reste de sentiment naturel étouffé bientôt par les passions ; une pitié stérile qui se repaît de quelques larmes, et n'a jamais produit le moindre acte d'humanité[3]. » Dans l'*Émile*, Rousseau réitère sa critique : il fustige cette « pitié stérile et cruelle qui se contente de plaindre les maux qu'elle ne peut guérir »[4],

1. E. Housset, *L'Intelligence de la pitié. Phénoménologie de la communauté, op. cit.*, p. 21-22.
2. Cf., entre autres références possibles, la maxime 264 de La Rochefoucauld ; la maxime 36 de Chamfort ; le chapitre « Du cœur », § 48, des *Caractères* de La Bruyère ; le chapitre « De la pitié » de l'*Introduction à la connaissance de l'esprit humain* de Vauvenargues.
3. J.-J. Rousseau, *Lettre à d'Alembert, OC* V, p. 23.
4. J.-J. Rousseau, *Émile, OC* IV, p. 545.

opposant alors l'indécent spectateur de la souffrance d'autrui à celui qui s'engage à agir pour soulager ses souffrances. Enfin, dans *La Nouvelle Héloïse*, Saint-Preux évoque à l'intention de Milord Edouard (Ve partie, lettre II) cette « pitié barbare qui se contente de détourner les yeux des maux qu'elle pourrait soulager »[1]. Ce à quoi, on l'aura compris, cherchera à répliquer toute la *doctrine* de Rousseau suivant laquelle la compassion est une composante essentielle de la subjectivité humaine, soit, comme il dit, l'un des deux « principes de l'âme ».)

Il n'est pas jusqu'à Søren Kierkegaard qui n'enfourchera cette monture. Pour celui qui se proclamait pourtant « penseur chrétien », la compassion a ceci de dommageable, voire de répréhensible qu'elle permet à l'homme, prisonnier de sa conscience morale, de s'en tirer à trop bon compte. Verser une larme, n'est-ce pas le meilleur moyen d'éviter d'agir ? C'est même, écrit l'auteur du *Concept d'angoisse*, le plus subtil rempart derrière lequel on puisse abriter son égoïsme. De la compassion il ne faudra donc pas s'empêcher d'affirmer qu'elle est la reine des vertus hypocrites, et ce à telle enseigne qu'une morale qui se respecte ne saurait en aucune façon se priver de la combattre férocement.

Mais cette critique, je le répète, on la trouve déjà formulée par Rousseau, à une époque, faut-il le préciser, où le « spectacle » n'avait pas encore quitté la scène pour s'étendre à la société tout entière ! Premier dénonciateur de la « pitié stérile », de la pitié inhibant toute action, de cette pitié qui soulage du fait même qu'elle se repaît d'un *spectacle*, Rousseau écrit effectivement, toujours dans sa fameuse *Lettre à d'Alembert* : « Ainsi la plus avantageuse impression des meilleures tragédies est de réduire à quelques affections passagères, stériles et sans effet tous les devoirs de l'homme, à nous faire applaudir de notre courage en louant celui des autres, de notre humanité en plaignant les maux que nous aurions pu guérir, de notre charité en disant au pauvre : Dieu vous assiste[2]. »

1. J.-J. Rousseau, *La Nouvelle Héloïse*, *OC* II, p. 532.
2. J.-J. Rousseau, *Lettre à d'Alembert*, *OC* V, p. 24.

♣

Est-ce alors dans un même esprit, que le plus farouche des opposants à la valorisation morale de la pitié, voire à son accréditation ontologique en tant que *tendance naturelle* de l'esprit humain, je parle de Nietzsche, s'est écrié au Livre II d'*Ainsi parlait Zarathoustra* : « Gardez-vous donc de la pitié : c'est *elle* qui finira par amasser sur l'homme un lourd nuage ! En vérité, je connais les signes du temps[1] ! ».

Ces signes du temps, Nietzsche n'était pourtant pas loin de les partager. Est-ce d'ailleurs pour cela qu'il les « connaissait » si bien ? Léon Chestov l'aura noté quelque part (et l'on y reviendra) : Nietzsche, en réalité, était ainsi fait qu'il aurait « accepté avec gratitude une parole de charité d'un enfant ou d'un homme simple, étranger à nos idées sur le bien et le mal ». C'est pourquoi ici une question se pose avec insistance : comment comprendre, dans de telles conditions, que Nietzsche ait cherché avec autant de *cruauté* à « repousse[r] l'amour du prochain et la compassion élevés au rang de principe suprême, transformés en théorie qui prétend au droit divin »[2] ? Oui, pourquoi diable ce rejet sans appel ?

En maudissant les effets pathétiques et les modalités tragi-comiques de cette « religion de la pitié » où l'on s'oblige à « se détourner de son propre chemin pour accourir au secours d'autrui »[3], en exprimant son refus du providentialisme compassionnel, tout son dégoût de ce progressisme humanitaire paradoxalement si bienveillant envers autrui et si féroce à l'égard de soi-même, Nietzsche ne faisait pas que récuser la doctrine chrétienne dont il exécrait les préceptes moraux après les avoir pourtant assimilés au tréfonds de son cœur : il entendait se situer aux antipodes du rousseauisme. Ainsi affirmait-

1. F. Nietzsche, *Ainsi parlait Zarathoustra*, II, « Des compatissants », trad. H. Albert, révisée par J. Lacoste, *Œuvres* II, Paris, Robert Laffont, « Bouquins », 1993, p. 351.
2. L. Chestov, *La Philosophie de la tragédie. Dostoïevski et Nietzsche*, trad. B. de Schloezer, Paris, Flammarion, 1966, p. 170-171.
3. Cf. F. Nietzsche, *Le Gai Savoir*, IV, § 338, trad. H. Albert (révisée par J. Lacoste), *Œuvres* II, *op. cit.*, p. 200. (Voir aussi, dans le même ouvrage, le § 326, *op. cit.*, p. 189-190.)

il au début de *L'Antéchrist* : « La pitié est en opposition avec les passions toniques qui élèvent l'énergie du sens vital : elle agit de façon dépressive. On perd de la force quand on compatit. Par la pitié s'augmente et se multiplie la déperdition de forces que la souffrance déjà apporte à la vie. La souffrance elle-même devient contagieuse par la pitié [...]. » Et l'auteur de cette « imprécation » d'ajouter quelques lignes plus bas : « On a eu le courage d'appeler la pitié une vertu (– dans toute morale *noble* elle passe pour une faiblesse –) [cette première partie de phrase évoque Rousseau] ; on est allé plus loin ; on en a fait d'elle *la* vertu, le terrain et l'origine de toutes les vertus [cette deuxième partie de phrase renvoie à Schopenhauer]. Mais il ne faut jamais oublier que c'était du point de vue d'une philosophie qui était nihiliste, qui inscrivait sur son bouclier la *négation de la vie*. Schopenhauer avait raison quand il disait : la vie est niée par la pitié, la pitié rend la vie encore plus digne d'être niée, – la pitié, c'est la pratique du nihilisme[1]. »

Or, en martelant ces pensées avec autant de vigueur et de pugnacité, Nietzsche croit seulement associer dans le même anathème Rousseau et Schopenhauer, ces deux-là étant assimilés au christianisme de saint Paul et accusés d'avoir fait le lit de ce nihilisme européen qui tout ensemble étouffe l'homme et pourrit l'époque. Mais quand il vise à travers Schopenhauer la philosophie du « faible » et « plébéien » Rousseau[2], il va aussi bien dans son sens ! Bien qu'il n'en

1. F. Nietzsche, *L'Antéchrist*, § 7, trad. H. Albert (révisée par J. Lacoste), *Œuvres* II, *op. cit.*, p. 1044 (les crochets sont ajoutés par moi).

2. On sait que Schopenhauer, le maître adopté puis rejeté par Nietzsche, a été conduit à placer la pitié au fondement de la morale en se réclamant alors ouvertement de la pensée de Rousseau. Or, Nietzsche a estimé de son devoir de *retourner la pensée de Schopenhauer contre elle-même* en montrant que l'élan compassionnel est en réalité tout le contraire de ce que l'on s'imagine généralement qu'il est – à savoir la manifestation d'une *vertu* –, car il se trouve que le compatissant témoigne avant toute chose d'un égoïsme foncier. Ce « retournement » se fait à la faveur du raisonnement suivant : (*a*) admettons que Schopenhauer ait raison de penser que l'égoïsme est la toute première des « puissances antimorales » que la morale se doit de combattre pour exister vraiment ; (*b*) or la pitié, contrairement à ce qu'il croit, est une expression voilée de l'égoïsme ; (*c*) par conséquent, cette prétendue « vertu d'humanité » ne saurait qualifier un comportement moral juste ou bon, ou les deux à la fois.

ait jamais été conscient (quelque chose en lui s'y refusait absolument), il ne lui emboîte pas moins le pas – *pour ce qui est précisément de l'affirmation de la nécessité d'intensifier les forces de la vie.* Cette conclusion, j'en conviens, a de quoi surprendre, mais force est de reconnaître que dans son apologie de la pitié – et même s'il a cherché à délimiter la part d'égoïsme que ce sentiment recèle (mais justement ! cette délimitation était déjà pour lui une façon de *relativiser* ce sentiment et non une façon de l'absolutiser, comme Nietzsche et tant d'autres ont cru devoir le faire de leur côté) –, Rousseau avait eu, lui aussi, pour principal dessein de combattre toutes les négations de la vie possibles, de quelque côté qu'elles viennent et s'imposent, et ce dans une optique que l'auteur de l'*Émile* s'était fait un devoir de préciser en ces termes : « L'homme qui a le plus vécu n'est pas celui qui a compté le plus d'années, mais celui qui a le plus senti la vie[1]. »

Pour Rousseau, en effet, le problème n'est pas que l'on perde de la force (de l'énergie vitale) lorsque l'on compatit – c'est Balzac plutôt qui aura pensé, longtemps avant Nietzsche, que « la haine est tonique, [qu']elle fait vivre, [qu']elle inspire la vengeance, [alors que] la pitié tue, [qu']elle affaiblit encore notre faiblesse. C'est le mal devenu patelin, c'est le mépris dans la tendresse, ou la tendresse dans l'offense »[2]. Non, le problème, si l'on suit bien Rousseau et que l'on prend garde à ne pas trop déformer sa pensée (par exemple, sous l'influence subliminale de Nietzsche), c'est que, pour compatir *vertueusement*, c'est-à-dire sans arrière-pensées, sans poursuivre secrètement et égoïstement un quelconque intérêt, *il faut au contraire pouvoir gagner des forces et savoir, en conséquence, accroître en soi la puissance de la vie.* Ainsi, pour Rousseau, il existe une pitié désintéressée, comme il en existe une qui ne l'est pas. Tandis que pour Nietzsche, il existe un amour intéressé, qui s'appelle pitié, comme il en existe un qui ne l'est pas et qu'il nomme « le grand amour ». Toutefois, pour fonder en raison l'une et l'autre positions, celle de Rousseau comme celle de Nietzsche, il faut regarder

1. J.-J. Rousseau, *Émile*, *OC* IV, p. 253.
2. H. de Balzac, *La Peau de chagrin*, Paris, Gallimard, « Folio », 1974, p 360.

du même côté : du côté de la vie. À la question *morale* : quelle est la vertu qui, chez l'homme, rend le mieux justice à la vie ? Rousseau répond : la pitié. À la question nietzschéenne : est-ce la vertu qui rend le mieux justice à la vie ? Nietzsche répond (on verra pourquoi, j'y reviendrai plus loin assez longuement) : non, ce n'est en aucun cas la vertu ; la vertu est très loin de pouvoir rendre justice à la vie, car seul est à sa hauteur l'amour, ce « grand amour », comme il l'appelle, qui, *au-delà de toute vertu*, est capable de surmonter à la fois la complaisance du pardon et l'arrogance de la pitié. Mais si la pitié n'est pas toujours arrogante – ainsi que le pense Rousseau, à la différence de Nietzsche –, alors, et c'est là la conclusion qu'en tire précisément Rousseau, il n'y a jamais qu'une *âme forte* qui puisse en témoigner : une âme qui, parce qu'elle jouit de soi et s'aime ainsi soi-même, et qu'elle dispose, en vertu de cet amour de soi, d'un excès de *puissance* octroyé par la vie, est à même de ne pas retenir cette puissance de vie en elle-même, de ne pas l'économiser mais de la répandre au contraire tout autour d'elle. Oui, seule une âme forte et généreuse est capable, pense Rousseau, de compatir réellement, c'est-à-dire de se porter effectivement au secours d'autrui et de prendre part à ses souffrances. Cette condition a même valeur de loi : loin de reposer sur une force dépressive, l'exercice de la pitié repose, pour ainsi dire exclusivement, sur l'*expansion* de la force d'âme. Et cela à tel point que la pitié n'a pas grand-chose à voir avec une pratique « nihiliste » et pas davantage avec une « politique de la faiblesse » (je songe ici à tel aphorisme de La Rochefoucauld repris admirativement par Nietzsche : « La vengeance procède toujours de la faiblesse de l'âme. »). La pitié demeure dans son fond au service de la vie, de cette puissance de la vie qui, aux dires mêmes de Rousseau, trouve toujours dans le sentiment qu'elle ne cesse d'éprouver quant à elle-même la condition de sa conservation comme celle de son accroissement.

Voilà pourquoi, depuis Rousseau, et beaucoup grâce à lui, la pitié a abandonné son statut pluriséculaire de « vertu morale » ou de « mobile antimoral », c'est selon, pour désigner, sans doute plus adéquatement, *la structure – la structure extra-morale – de tout comportement intersubjectif quel qu'il soit.* C'est en effet à cette détermination ontologique de la pitié que Rousseau, avant Schopenhauer, sera parvenu, et c'est elle que l'auteur de l'*Émile* aura cherché à mettre en lumière (non sans mal, il faut bien le reconnaître) dans les différents textes qu'il a consacrés au phénomène compassionnel. En tout état de cause, il me semble capital d'insister très fortement sur ce point : contrairement à ce que l'on imagine souvent (aidé en cela par telle ou telle déclaration de Rousseau), le véritable enjeu de l'approche rousseauiste de la compassion consiste à soustraire celle-ci à la sphère de la morale. Cela suppose évidemment d'en faire tout autre chose qu'une *vertu*, fût-elle, à la limite du paradoxe, qualifiée de « naturelle ». C'est là en effet que se situe le point de césure de la doctrine rousseauiste. Avec Rousseau, et pour la première fois dans l'histoire de la pensée occidentale, l'on considère la compassion comme un *constituant de la vie subjective absolue*. Autrement dit, si l'on peut parler avec raison d'intersubjectivité, c'est dans la mesure seulement où la compassion constitue l'un des deux « principes de l'âme » (l'autre étant, pour Rousseau, « l'amour de soi »). Sur fond de compassion, en tant que pure « émanation » de l'amour de soi, se détachent ainsi, au niveau le plus *fondamental,* toutes les relations possibles entre êtres vivants. Tant et si bien d'ailleurs que l'acte de compatir, le fait de prendre part à la souffrance d'autrui veut dire désormais : se lier avec cet « autre » de façon immédiate, non réfléchie, spontanée, sans qu'on le veuille ni même qu'on le sache ; ou bien : se rapporter à lui, c'est-à-dire, plus précisément, à son *être*, avant que ne viennent à se manifester les traits de son visage, son identité particulière, ses propriétés singulières, toutes ces choses qui peuvent toujours se montrer aimables ou détestables, répugnantes ou séduisantes, au regard de tel ou tel.

(Certes, il aura fallu attendre l'invention de la phénoménologie pour qu'en philosophie ce qui ne paraissait encore qu'esquissé dans l'œuvre des auteurs mentionnés donne lieu à des développements substantiels. Mais déjà pour un philosophe comme Schopenhauer, pour ce penseur qui n'a jamais manqué de saluer la clairvoyance et la profondeur des analyses rousseauistes, la pitié ne se présentait plus comme une simple « vertu naturelle » – l'auteur de cet oxymoron est Rousseau, je le répète –, comme ce comportement honorable que l'homme serait bien inspiré d'adopter pour devenir humain, pleinement humain, au sens moral du terme. Car, pour l'auteur du *Fondement de la morale*, il s'agissait bien d'abord et avant tout d'un « fait indéniable de la conscience humaine ». D'où, au demeurant, la reprise schopenhauerienne de ce piquant paradoxe, lointain avatar de la position théophrastienne, selon lequel la vertu la plus instinctive, la plus spontanée, peut-être même la plus « animale », serait celle qui nous porte à l'expression la plus éminente de notre « humanité ».)

Or, pour qu'elle ait pu se produire, la généralisation de l'objet de la compassion devait nécessairement s'accompagner d'une universalisation du geste compassionnel sur le plan de la subjectivité. On en entrevoit la raison : si le genre humain doit trouver à s'unifier par le truchement de la généralisation de la compassion (on est ainsi passé de la proposition « tous les êtres sont pitoyables » à celle qui stipule que « tous les êtres forment une unité du fait qu'ils sont tous des objets potentiels de compassion »), il importe que, par ailleurs, la capacité à compatir ne se définisse plus comme l'apanage de quelques-uns (fussent-ils déjà nombreux), ni comme quelque chose qui devrait dépendre de certaines conditions empiriques (telles que la proximité des protagonistes ou la similitude des conditions sociales ou des dispositions personnelles). L'important est bien plutôt que la compassion devienne un *a priori* de la sensibilité humaine, qui, dans son exercice effectif, ne peut souffrir la moindre restriction, à quelque niveau que ce soit.

Et l'on comprend dès lors que Kundera, à la suite du texte cité au commencement et dont j'avais alors interrompu la citation, se soit senti justifié d'écrire encore ceci, qui vient s'opposer en tout point à la qualification sensiblement *péjorative* dont il s'était fait l'écho au paragraphe précédent : « Dans les langues qui forment le mot compassion non pas avec la racine "*passio* – souffrance" mais avec le substantif "sentiment", le mot est employé à peu près dans le même sens, mais on peut difficilement dire qu'il désigne un sentiment mauvais ou médiocre. La force secrète de son étymologie baigne le mot d'une autre lumière et lui donne un sens plus large : avoir de la compassion (co-sentiment), c'est pouvoir vivre avec l'autre son malheur mais aussi sentir avec lui n'importe quel autre sentiment : la joie, l'angoisse, le bonheur, la douleur. Cette compassion-là (au sens de *soucit, wspolczucie, Mitgefühl, medkänsla*) désigne donc la plus haute capacité d'imagination affective, l'art de la télépathie des émotions. Dans la hiérarchie des sentiments, c'est le sentiment suprême[1]. »

Ces propos présentent sans le savoir, en tout cas sans le dire, la voie que l'œuvre et la pensée de Rousseau auront ouverte – une voie sur laquelle, depuis ce dégagement proprement engageant, l'humanité occidentale dont nous sommes chemine sans dévier. Mais si incontestables qu'ils soient, ces propos ne permettent pas encore de mesurer comme il faut l'importance ontologique de ce « phénomène mystérieux », comme l'appelle Schopenhauer, de ce « sentiment suprême », comme dit si bien Kundera, auquel on donne indifféremment le nom de « pitié » ou de « compassion ». En effet, comprendre l'essence, la raison d'être et les modalités subjectives de ce pouvoir « de vivre avec l'autre son malheur mais aussi [de] sentir avec lui n'importe quel autre sentiment : la joie, l'angoisse, le bonheur, la douleur », cela suppose d'en pénétrer un peu plus avant les arcanes. C'est précisément ce que Nietzsche aura tenté de faire.

♣

Nietzsche, on le sait, nourrissait une haine tenace et farouche à l'encontre de Rousseau, lui qui fut le plus important, le plus complet, le plus analytique des penseurs occidentaux de la compassion, celui dont les descriptions demeurent à ce jour les plus fines et les

1. M. Kundera, *L'Insoutenable légèreté de l'être*, *op. cit.*, p. 36-37.

plus pertinentes qu'un philosophe ait jamais réussi à produire à ce sujet. Cette « canaille »[1] de Rousseau, Nietzsche, pour avoir compris tout ce que la modernité lui devait, en avait fait son *ennemi juré*, l'homme qu'il adorait le plus haïr ; il se considérait même comme l'anti-Rousseau par excellence, peut-être bien plus encore que comme « l'Antéchrist ». Certes, cette exécration franche et massive de la doctrine aussi bien que de la personne de Jean-Jacques s'est exprimée à de nombreuses reprises et dans divers contextes, mais elle n'a jamais été aussi vive et aussi constante qu'à propos de la compassion. Et pourtant, sait-on vraiment à quelle originalité se hisse la critique nietzschéenne de la compassion ? La dénonciation nietzschéenne n'a-t-elle pas une longue histoire derrière elle ? Une histoire, en effet, où la compassion est assimilée à un mal – c'est-à-dire considérée comme une fausse vertu ou comme le contraire d'une vertu –, une tradition qui prend d'une certaine façon sa source dans la *Rhétorique* d'Aristote, s'il est vrai, comme on a pu en juger, que la définition aristotélicienne de la compassion (qui ne repose pourtant sur aucun jugement de valeur) comporte des éléments potentiellement péjoratifs qui vont être, de fait, ultérieurement, dégagés et soulignés par d'autres penseurs d'importance.

À l'époque où il composait *Le Gai Savoir*, Nietzsche voyait dans les différentes écoles de morale de l'Antiquité des « lieux d'expériences où l'on médite un certain nombre de secrets du savoir-vivre et s'y exerce à fond ». Aussi, pour jeter les fondements de sa *propre* éthique, se recommandait-il à lui-même – lui qui contrairement à ce que l'on imagine quelquefois n'avait rien d'un hédoniste[2] – d'emprunter çà et là des éléments de doctrine susceptibles de lui

1. C'est dans *Le Crépuscule des idoles*, au § 48 du chapitre intitulé « Flâneries d'un inactuel » que Nietzsche fustige Rousseau et tout ce qu'il défend et représente : « ce premier homme moderne, idéaliste et canaille en une seule personne », « cet avorton qui s'est campé au seuil des temps nouveaux » (trad. H. Albert, révisée par J. Lacoste, *Œuvres* II, *op. cit.*, p. 1020-1021).

2. « Partout où la perspective *hédoniste* passe au premier plan, on peut conclure à de la souffrance et à une certaine *infirmité* » (F. Nietzsche, *Fragments posthumes (automne 1887-mars 1888)*, 10[27], trad. P. Klossowski légèrement modifiée, *Œuvres Philosophiques Complètes* [*OPC*], éd. Colli-Montinari, tome XIII, Paris, Gallimard, 1976, p. 127).

convenir au mieux, selon sa vie, sa nature et son caractère[1]. Ainsi, disait-il, il n'aura pas eu besoin de choisir entre stoïcisme et épicurisme, puisqu'il avait tout au long de sa rude existence à la fois adopté le style de comportement des stoïciens et tiré profit du mode d'être prescrit par Épicure[2]. Et pourtant, pour ce qui est de son rapport à la compassion, rien ne permet de dire qu'il fut proche de la position stoïcienne, ni qu'il fut tenté par le point de vue des épicuriens. Si libre qu'il fût ou qu'il voulût être, Nietzsche est demeuré un penseur *moderne*, c'est-à-dire un penseur qui ne pouvait faire autrement que *situer* la compassion dans l'économie du « sujet », de l'« ego », du « moi », au point d'ailleurs qu'il la considérait comme une preuve d'égoïsme, c'est-à-dire comme une vertu de mauvaise foi (on comprend là pourquoi le point de vue de Nietzsche a été si souvent et si malencontreusement « récupéré » par les tenants du christianisme...).

Mais, demandons-le encore une fois, Nietzsche, dans son impitoyable rejet de la compassion, s'est-il montré aussi original qu'il l'a prétendu ? Ce qu'à mon sens il s'agirait de comprendre avant toute chose, c'est que la véritable question – j'entends par là la question qui fut résolument, et exclusivement, celle de Nietzsche – n'est pas de savoir *comment* il convient d'évaluer la valeur de la compassion, autrement dit : à quelle critique *morale* il importe d'en soumettre l'injonction ? Non : l'important est bien plutôt de se demander *si* – et si oui, *pourquoi* – il est nécessaire de faire passer la compassion au crible d'une *critique* – et pas de n'importe quelle critique : de la seule critique qui vaille, celle qu'a la charge de conduire la *généalogie* de la morale. En effet : pour quelle raison un être aussi délicat et aussi sensible que Nietzsche se sera-t-il commis à exprimer avec tant de constance sa haine de la compassion et son amour de la cruauté ?

1. F. Nietzsche, *Le Gai Savoir*, suivi de *Fragments posthumes (été 1881-été 1882)*, 15[59], trad. P. Klossowski, revue par M. de Launay, *OPC*, tome V, Paris, Gallimard, 1982, p. 530.
2. « [...] le stoïcisme démontrait que l'homme se pouvait donner délibérément une peau plus dure et pour ainsi dire une sorte d'urticaire : c'est de lui que j'ai appris à dire en pleine détresse, en pleine tempête : qu'importe cela ? Qu'importe de moi-même ? À l'épicurisme j'empruntai la disponibilité à la jouissance et le regard pour toutes circonstances où c'est la nature elle-même qui nous convie à sa table » (*ibid.*).

Comment se fait-il que Nietzsche soit allé à ce point à l'encontre de sa nature profonde ? Au nom de quelle idée ? Pour quel rayonnement futur, pour quelle promesse à venir, pour quelle aurore qui n'aurait pas encore lui ?

À la fin du Livre III du *Gai Savoir*[1], Nietzsche, s'adressant à lui-même, c'est-à-dire s'expliquant avec lui-même, pose une série de questions très fortes, à caractère *éthique* (au sens précis que dans *Supériorité de l'éthique* j'ai tenté de donner à ce mot, en le distinguant le plus nettement possible de celui de *morale*). Et à ces questions, il tente chaque fois de répondre par un mot bref. Ainsi, parmi d'autres tout aussi admirables, la question « Où sont tes plus grands dangers ? » commande-t-elle la réponse suivante : « Dans la pitié » (§ 271). Et si cette réponse lapidaire en appelle aussitôt une deuxième, en tant que réponse à la question : « Que considères-tu comme ce qu'il y a de plus humain ? » (§ 274), c'est parce que cette dernière question se trouve comme dictée par le souvenir de la thèse schopenhauerienne selon laquelle la pitié (à savoir, selon Nietzsche, le plus grand des dangers) est d'abord et essentiellement le socle de toutes les vertus humaines, l'excellence même de l'excellence morale par conséquent, soit, pour le dire d'un mot, le summum de l'humanité (*das Menschlichste*). Or, contre cette thèse massive de Schopenhauer et contre cet auteur lui-même qui, dans le sillage de Rousseau, avait voulu placer avec une force inégalée la compassion au sommet de la morale, et pas seulement la placer à cette hauteur mais aussi, et surtout, la présenter comme une détermination irréductible de l'*essence de l'homme*, contre cela, donc, Nietzsche répond que pour lui, le summum de l'humanité, ce n'est pas compatir mais « *épargner la honte à quelqu'un* ». Ce n'est pas porter secours à autrui, mais ne pas le faire rougir et *a fortiori* : ne pas l'humilier. C'est par rapport à cette affirmation inouïe, propre à Nietzsche et à lui seul, que la puissance de sa critique de la compassion peut être correctement mesurée.

1. F. Nietzsche, *Le Gai Savoir*, § 268-275, trad. H. Albert, révisée par J. Lacoste, *Œuvres* II, *op. cit.*, p. 163-164.

Nietzsche ne produit pas une critique à la Chamfort. N'étant pas un moraliste mais un philosophe, il s'interroge toujours expressément sur les conditions de possibilité des phénomènes qu'il prend en vue, et cela tant et si bien que, quand il déclare que le summum de l'humanité consiste à épargner la honte à quelqu'un, il laisse entrevoir à l'arrière-plan de cette réponse une chose plus essentielle encore, à savoir que le problème humain, s'il y en a, *le problème proprement humain n'est pas du tout la souffrance en général.* Or, faire de la pitié le summum de « l'humanité » en l'homme présuppose inévitablement que le problème de l'homme *est* la souffrance en tant que telle. Catastrophique présupposition : car la souffrance n'est pas comme telle le problème de l'homme mais celui du *vivant.* Certes, l'homme appartient au règne du vivant et, à ce titre, il connaît et endure la souffrance – je veux dire : il *la* souffre et il *en* souffre. Mais *en tant qu'homme* son problème ne saurait être celui du vivant qu'il est aussi par ailleurs, à savoir la souffrance *en général*, mais cette souffrance *particulière*, cette souffrance *propre à l'homme* justement, à laquelle on donne le nom de *honte* (*Scham*). Le problème de l'homme, si jamais il y en a, c'est la honte : cette réponse, à la portée incalculable et à l'audace indépassable, est décisive. Et si elle emporte la compassion dans l'abîme de la *dévalorisation*, c'est parce qu'il apparaît que ce sentiment a ceci de caractéristique – une caractéristique insupportable aux yeux de Nietzsche – qu'il fait honte à celui qui souffre[1], ne serait-ce que dans la mesure où le regard ému du compatissant ne laisse pas de *réduire l'être* de celui qui souffre à ce que ce dernier a justement *en horreur*, à savoir cette souffrance qu'il subit malgré qu'il en ait, qu'il endure aussi bien à son corps qu'à son esprit défendant, cette souffrance à laquelle il se trouve rivé, contre laquelle il s'écrase, avec laquelle il ne fait plus qu'un et qui, par le fait même qu'elle parvient à faire échec à sa volonté comme à sa

1. « L'homme noble s'impose de ne pas humilier les autres hommes : il s'impose la pudeur devant tout ce qui souffre. /En vérité, je ne les aime pas, les miséricordieux qui cherchent leur béatitude dans leur pitié : ils sont trop dépourvus de pudeur. / […] Car j'ai honte, à cause de sa honte, de ce que j'ai vu souffrir celui qui souffre ; et lorsque je lui suis venu en aide, j'ai blessé durement sa fierté » (*Ainsi parlait Zarathoustra*, II, « Des compatissants », trad. cit., *Œuvres* II, *op. cit.*, p. 350).

faculté d'agir, ne cesse de le remplir de honte, et ce alors même que cette souffrance il veut encore croire qu'il lui est possible de s'y dérober, d'échapper à cette flétrissure de l'âme dans laquelle il refuse de toutes ses forces de se laisser emprisonner.

L'importance que l'on est en droit d'accorder à la compassion est uniquement relative à celle que l'on se prend à attribuer aux déterminations du vivant dans l'homme. Ainsi, plus on réduira l'homme à la vie qu'il incarne et plus la compassion en tant que qualité morale, ou le co-sentir en tant que trait ontologique, acquerront de la valeur (sur le plan ontologique, et pas seulement moral). En effet, plus on dissoudra la *spécificité humaine* dans le règne général et générique du *vivant* et plus la question de la *compassion* se posera de façon centrale – occultant au passage celle de l'*amour*.

Inversement, plus on distinguera l'homme de cette sphère du vivant auquel il appartient de fait, et plus on sera tenté d'emprunter l'une des deux voies suivantes : *ou bien* l'on portera tout le poids de la distinction sur le caractère *rationnel* de l'homme (la *raison* considérée comme le premier des innombrables « propres de l'homme »), *ou bien*, suite à une critique radicale de la *raison*, comme Nietzsche s'emploiera justement à la mettre en œuvre, ce qui le conduira d'ailleurs très vite à donner une nouvelle identité à la philosophie (une identité « physiographique » suivant laquelle le philosophe est celui qui connaît en inventant et qui invente en connaissant)[1], tout autre chose surgira.

Quoi donc ? Qu'est-ce qui, en dehors du *logos*, distinguerait l'homme du vivant ?

Je le répète : nombreux sont les propres de l'homme, et la liste en est bien trop longue pour que l'on se préoccupe d'en donner ne serait-ce qu'un aperçu ; mais le propre de tous ces propres a ceci d'*unique* qu'il est ce qui, à l'homme, *pose toujours problème*. En ce sens, on dira que l'homme est d'abord et avant tout un être « problématique ». Un être, autrement dit, qui *bute* – qui ne peut faire autrement que buter et

1. F. Nietzsche, *Fragments posthumes (été 1872-hiver 1873-1874)*, 19[62], trad. P. Rusch, *OPC*, tome II-1, Paris, Gallimard, 1990, p. 192-193.

buter sans relâche – contre son propre « propre », c'est-à-dire contre la teneur de son *ipséité*. Or dire de l'homme qu'il est problématique, c'est admettre qu'il demeure indéfinissable. Mais cela ne veut encore rien dire tant que l'on n'a pas répondu à cette question : que signifie pour lui buter – buter contre la teneur de son ipséité ? Est-ce à dire qu'il ne peut pas saisir ni comprendre ce qu'il est ? Le problème de l'homme tiendrait-il à ce qu'il demeurerait inconnu à lui-même ?

Malgré l'admiration qu'il lui porte, Nietzsche n'est pas Montaigne. Pour lui, il ne s'agit pas de cela ; le problème de l'homme n'est pas de l'ordre de la connaissance de soi. L'homme est bien plutôt ce vivant qui, contrairement aux autres vivants, hisse son être souffrant au rang de problème – ce qui revient à dire qu'*il bute sur sa souffrance*. Non que le problème tienne à l'existence même de la souffrance, car ce n'est justement pas en tant qu'être vivant qu'il bute sur la souffrance. Non, le problème vient plutôt d'un fait spécifique à l'homme, à savoir que s'il prend à celui-ci de *penser* (c'est-à-dire d'*estimer*) que son problème est de souffrir en tant qu'être vivant, eh bien, il ne fera plus, en raison de cette pensée et des effets qu'elle produit, que souffrir *davantage*. En d'autres termes, si l'homme est un « roseau pensant », comme disait Pascal que comprenait très bien Nietzsche, et si, de tout son être qui est *pensée*, il pense qu'il est en son pouvoir et aussi de son devoir de (s'il estime donc qu'il doit ou, pire, qu'il a le droit de) se débarrasser de sa souffrance, il s'expose alors aussitôt, et inéluctablement, à être *écrasé* par elles : par cette pensée qu'il croit devoir cultiver comme par cette souffrance qu'il croit pouvoir abolir. (On voit là, soit dit en passant, toute l'importance de la critique nietzschéenne du *bouddhisme* – de cette *Weltanschauung* si à la mode en cette seconde moitié du XIXe siècle, qui prônait la libération de l'homme par rapport à la souffrance comme si cette libération, pour souhaitable qu'elle fût, était un tant soit peu réalisable. Pour Nietzsche, rien n'est plus faux, et partant plus dévastateur, que cette promesse de libération. Quiconque croit à cette possibilité ne fait rien d'autre que jeter l'opprobre sur la vie.) Or, non seulement vouloir échapper à la souffrance revient à vouloir échapper à la vie, mais qui pense qu'au nom de la vie il incombe de condamner la souffrance, ne fait rien d'autre que condamner la vie ! Voilà *in nuce* ce que Nietzsche proclame dans tous ses textes, parfois même entre les lignes. Et s'il le proclame ainsi, avec autant d'insistance, au point d'y perdre sa santé, c'est, encore une fois, parce qu'il estime que le problème de l'humain n'est pas la souffrance mais l'aspiration humaine, proprement humaine, à la croire *évitable*. Aspiration « folle », à la fois morale et religieuse, qui referme sur l'homme le cercle du *désespoir*.

Ce cercle, y aurait-il une façon de le briser ? Oui. Aurait une chance de le briser quiconque lutterait non pas contre la souffrance *en général*, mais contre cette forme *particulière*, et spécifiquement *humaine*, de souffrance qui a pour nom : la *honte*.

Qu'est-ce que la honte ? Qu'est-ce qui en fait un affect proprement humain – un affect si humain que le summum de l'humanité se trouverait atteint du seul fait (même si ce fait est fort rare) que l'on s'imposerait d'épargner la honte à quelqu'un ?

La honte, on ne la trouve pas chez les animaux, alors qu'on y trouve la souffrance. La honte, on ne la trouve que chez l'homme. C'est ce qui en fait justement *son* problème. Tout ce que l'homme s'autorise à faire et tout ce qu'il s'interdit de faire, tout ce qu'il veut faire comme tout ce qu'il ne peut pas faire, toutes ses actions et toutes ses omissions, qu'elles soient effectives ou non, sont liées à l'existence de la honte. À l'épreuve qu'elle ordonne. Au vertige qu'elle provoque. Car la honte, à tout point de vue, fait loi parmi les hommes.

Alors, derechef, qu'est-ce que la honte ? Ce n'est évidemment pas le lieu de traiter cette question essentielle, énorme à tous égards, qui exige en tout état de cause de longues et patientes analyses. Qu'il suffise toutefois, dans le cadre restreint d'une étude consacrée au phénomène de la compassion, et en relation avec celui-ci, d'indiquer que si le phénomène de la honte doit être approché, c'est surtout dans la mesure où il est indissociable de la *présence de l'autre*. En effet, si l'épreuve de la honte n'incombe qu'à l'homme, mieux : si elle définit pour l'homme le propre du « propre », c'est parce que l'homme n'existe pas en dehors de son « interaction » constante avec l'*autre*. Autrement dit, l'homme n'est *lui-même* que pour autant qu'il a toujours déjà rapport à l'autre, fût-ce sur un mode « privatif ». Dans cette interaction fondamentale, dans cette « intersubjectivité » constitutive, dans cette existence « relative et collective », comme disait, on s'en souvient peut-être, Rousseau[1], l'autre, et notamment l'autre *homme*, le *regard* de l'autre homme, joue un rôle décisif quant à l'auto-évaluation des comportements que les humains exercent. Que le zénith de l'*humanitas* soit occupé alors par le « vouloir épargner la honte à quelqu'un », par le désir de ne pas faire honte (ou de ne pas vouloir faire honte) à l'autre, cela implique que le nadir de cette même *humanitas* ne soit occupé, lui, que par la seule « pitié ». Et cela pour la raison donnée il y a un instant, à savoir que sous le regard de la pitié celui qui souffre se trouve immédiatement réduit à sa souffrance – et cela, faut-il ajouter, que le porteur de ce regard le veuille ou non. Car telle est la pitié qu'en devenant l'objet d'un regard compatissant, celui qui souffre n'est plus autre chose qu'un être de souffrance, un être *identifié*, malgré qu'il en ait, à rien d'autre qu'à cette souffrance qu'il lui incombe de subir ici et maintenant. Mais cette réduction et cette identification, je le répète, précèdent toute intention explicite, si bien qu'il y a comme un abus à parler « de *vouloir* faire honte ». En réalité, quand il se porte vers l'être souffrant (et de ce fait « pitoyable »), le regard compatissant ne peut faire autrement que le confondre avec sa souffrance, que l'y *rabaisser*, comme si la seule chose à prendre en compte chez lui était précisément celle-ci.

1. En faisant de la pitié une « émanation » ou une modalisation immédiate du « sentiment de l'existence », Rousseau place l'intersubjectivité au même rang ontologique que la subjectivité. Mais cette intersubjectivité qui se fonde sur l'*identification compassionnelle* n'a rien à voir avec cette « apprésentation », elle-même explicitée sous la forme d'un « rendre conscient en tant que co-présent » et considérée comme un « transfert aperceptif issu du corps propre » de l'*ego* transcendantal, que Husserl a privilégiée pour sa part pour comprendre les fondements de l'intersubjectivité : *aperception assimilatrice* se produisant à l'issue d'un procès discursif au terme duquel la psyché de l'autre se trouverait, de manière significativement inexplicable, appréhendée *par analogie* avec la mienne (cf. E. Husserl, *Méditations cartésiennes*, trad. M. de Launay, Paris, PUF, 1994, p. 158-159). Que « notre plus douce existence » soit « relative et collective », que « notre vrai moi » ne soit pas « tout entier en nous », cela n'intéresse en aucune façon les structures objectivantes de l'intentionnalité. De plus, l'être-semblable y est beaucoup moins, ou beaucoup plus, qu'un être-analogue. (Pour plus d'explications, je me permets de renvoyer encore une fois à mon ouvrage *Rousseau : une philosophie de l'âme, op. cit.*)

C'est là toute la *fatalité* désastreuse, catastrophique et honteuse de la compassion. Une fatalité dans la mesure où elle se réalise en dehors de toute volonté et de toute décision humaines (et cela même si cette fatalité peut être surdéterminée par la malignité d'une volonté « sadique » de faire honte). C'est en tout cas vers ce rabaissement-là que fait signe la locution « faire honte » dans l'expression de l'idée maîtresse de Nietzsche : « ce que fait la pitié, c'est susciter la honte ».

Faire honte est pour Nietzsche à la fois le geste le plus humain et le plus insupportable. Il est plus insupportable encore, on va y venir, que la *cruauté*, que ce mal que l'on fait à l'autre ou à soi et qui n'a d'autre raison d'être que la souffrance qu'il engendre chez l'autre ou chez soi. Or, si compatir revient toujours – qu'on le veuille ou non – à faire honte à la personne qui souffre parce qu'elle la réduit à ce à quoi elle ne veut pas être réduite, il faut non seulement ranger la compassion sous la rubrique du « mal », mais la considérer sinon comme le plus insupportable, du moins comme le plus *honteux* des maux. Mais corrélativement, c'est-à-dire à l'inverse, il est nécessaire de classer l'action consistant à épargner la honte à quelqu'un dans la catégorie de ce qu'il y a de *moins humain*, au sens non pas du *plus humain* mais du *plus qu'humain*, en un mot : du *surhumain*. Le summum de l'humanité est atteint par le dépassement de ce qu'il y a de plus humain en l'homme, de ce qui lui est le plus « propre », à savoir le « faire honte à quelqu'un ».

Autrement dit, toute éthique fondée sur une logique du « propre » n'en est pas une. Une éthique fondée sur l'humain – et donc sur la similitude et la proximité – n'exige rien de l'homme que ce qu'il a déjà. Elle ne l'*oblige* pas au dépassement du donné – c'est-à-dire à *créer*. Une éthique dont le commandement ne s'accorde qu'au donné est un simulacre. Pour toute loi, elle ne connaît qu'un règlement, un aménagement, une mise en ordre. Sa « loi » attribue et rétribue, mais elle ne crée pas. Dans une phrase au contenu abyssal, J. Derrida écrit : « Tant qu'il y a du reconnaissable, et du semblable, l'éthique sommeille. Elle dort d'un sommeil dogmatique. Tant qu'elle reste humaine, entre hommes, l'éthique reste dogmatique, narcissique et ne pense pas encore. Pas même l'homme dont elle parle tant[1]. » On me pardonnera de ne pas commenter ces lignes, juste de les rappeler : c'est qu'un commentaire m'entraînerait beaucoup trop loin, au-delà du présent propos. Mais je dirais tout de même ceci : tant qu'on dira qu'à l'impossible nul n'est tenu, l'éthique dormira de son sommeil dogmatique et narcissique. L'éthique ne s'éveille qu'à se sentir tenue à l'impossible. Même si cet impossible demeure impossible et parce qu'il en est ainsi. Est-ce à dire que *penser* l'éthique et, partant, penser l'homme dont l'éthique, depuis toujours, parle tant, cela pourrait justement commencer (je dis bien *commencer*) par l'écoute de ce précepte du *grand amour :* est le plus humain ce qui n'est plus humain ; est le plus humain ce qui n'est plus humain et qui est plus qu'humain ; est donc le plus humain ce qui est « surhumain », selon le mot de Nietzsche, peut-être bien mal choisi (car ce mot impossible aurait peut-être dû être : *impossible*) ?

Laissons la question ouverte. Et limitons-nous à marquer l'étape par le sceau de cette proposition suggérée par le § 274 du *Gai Savoir* : est le plus humain, se hisse au sommet de l'humanité, l'être qui non seulement sait qu'il est honteux de faire honte mais qui agit en conséquence. Limitons-nous à cela, car comme il faut encore pouvoir *faire honte* à qui et à ce qui fait honte, à commencer par la compassion, l'entrée dans une éthique non dogmatique ni narcissique est rien moins qu'assurée. Elle est en tout cas différée par la contradiction qu'il y a à devoir encore confier à une logique du « faire honte » – à une logique humaine et proprement humaine – ce qui permettrait logiquement de la surmonter. Il y faut donc logiquement tout autre chose. Il y faut une tout autre logique. Une logique, mieux une axiomatique, qui ne vienne pas *de* l'homme. Et qui ne lui vienne pas non plus d'ailleurs pour qu'il s'y maintienne en l'état.

Or, même s'il resta prisonnier de la contradiction que je viens brièvement d'esquisser, Nietzsche n'en fut pas moins ce penseur qui tenta de surmonter la compassion et l'amour du prochain au nom d'un amour inédit – et plus grand. Un amour démesuré. Sans mesure possible, ou mesurée par le possible. Un amour que d'aucuns

1. J. Derrida, *Séminaire. La bête et le souverain. Volume I (2001-2002)*, *op. cit.*, p. 155.

qualifieront aisément d'impossible. À juste titre d'ailleurs : car cet amour *est* impossible. Mais cela est loin de vouloir dire qu'il est nul et non avenu. Au contraire, cela signifie qu'il est tout à venir – sans jamais pouvoir être « là ». À venir, puisque c'est précisément de cette impossibilité-là que l'on extrait la mesure sans mesure du possible qui nous incombe. De ce qui nous est donc *encore* possible – parmi tous les possibles que nous *n'*avons *pas encore* épuisés. Car c'est ce « pas encore », pour autant qu'il recèle en lui un « encore », c'est lui qui donne *lieu* à la vie. Ce donner-lieu, Nietzsche l'appelle « création ». Et il en place l'augure sous l'égide de l'*amour*. À l'amour il appartient de veiller sur l'« encore » du « pas encore ». C'est en quoi il est vigile de la création. Et comme c'est cette vigilance qu'il nous faut, seul l'amour est *éthique*, seul l'amour est l'éthique.

Tourner la honte sur elle-même, la retourner contre elle-même : tel fut, dans un premier temps, avant qu'il en arrive à cette *réinvention* de l'amour, à cette recréation d'un amour créateur, le souhait de Nietzsche en matière d'éthique. Faire honte au honteux. Par conséquent : faire honte à la pitié, à cette pitié qui elle-même ne cesse de faire honte à l'être qui souffre.

Peut-on dire, dans ces conditions, qu'à l'égard de la pitié Nietzsche n'a pas fait preuve d'« humanité », dans l'acception où lui-même reçoit ce mot ? En effet, Nietzsche n'aura pas montré beaucoup de pitié à l'égard de la pitié. Mais, derechef, pourquoi cette cruauté ?

Ici, je ne peux résister à donner une forte résonance à l'explication, déjà ancienne, proposée par Léon Chestov. Et si je vais citer un peu longuement ce texte magnifique, c'est parce qu'il s'agit d'un des rares textes à rendre compte de ce qui se joue dans le fameux « immoralisme » de Nietzsche et dans sa doctrine de la « cruauté ». Chestov écrit : « [...] Nietzsche, contrairement à l'opinion admise, ne se soumettait pas dans sa doctrine à un sentiment de vengeance, de colère ou de petit égoïsme. Tous ces sentiments lui étaient [...] étrangers [...]. Il avait [...] formé le grand dessein de sauver et de renouveler l'homme par des paroles convaincantes. S'il s'écarta de ce dessein, s'il dut renoncer à prêcher aux hommes l'amour et la compassion [bien sûr, il s'agit ici de "l'amour du prochain", de l'*agapè* chrétienne, et non pas de ce que Nietzsche appelle "le grand amour", qui est, lui, en contraste, un "amour des lointains"], c'est uniquement parce qu'il a compris par sa propre et dure expérience que l'amour et la compassion ne peuvent rien donner, que le problème de la philosophie est ailleurs : ne pas faire de propagande pour l'amour du prochain, ni pour la compassion, mais *vaincre ces sentiments, répondre aux questions qu'ils posent.* [...] Nietzsche s'adresse à ses pareils, à ceux pour qui la compassion n'est plus une vertu, un idéal et qui, selon ses paroles, ont déjà "dépassé cet idéal, parce qu'ils l'ont atteint". Il s'adresse à ceux qui, sachant déjà compatir aux souffrances de leurs prochains, ne peuvent plus se contenter d'être vertueux. Au contraire, ceux qui sont encore trop naïfs dans les questions du bien et du mal lui répugnent [...]. Nietzsche ne savait que trop bien qu'en de tels cas les moyens dont la compassion dispose d'ordinaire sont impuissants – même si elle ne se borne pas à des soupirs platoniques, à de belles phrases sur le malheur du prochain. [...] Il voulait trouver ce qui est *au-dessus* de la compassion. [...] Son Zarathoustra, avant tout se propose de comprendre le monde et de trouver le sens des horreurs terrestres – "du grand malheur, de la grande laideur, du grand insuccès". "Soyez fermes" [plus exactement : "Soyez durs !"], dit-il à ses disciples, afin de pouvoir supporter le terrible aspect de la vie qui détruit tout homme compatissant. L'amour – même cet amour abandonné et profond dont les femmes sont capables quand il s'agit du sort d'un être aimé – l'amour est impuissant devant un grand malheur. [...] [Or,] si la compassion est faible, impuissante – dans ce cas, que doit faire celui qui ne peut vivre [...] sans compatir ? Où trouver *ce qui est au-dessus* de la compassion, au-dessus de l'amour du prochain[1] ? »

Or, justement, comme le dit si bien Chestov, il s'agirait moins de *vaincre en soi le sentiment de la compassion que de répondre aux questions qu'il pose.* Mais quelles questions ? D'abord celle-ci : en quoi la compassion est-elle honteuse ? La réponse, on l'aura compris, est la

1. L. Chestov, *L'Idée de bien chez Tolstoï et Nietzsche (philosophie et prédication)*, trad. T. Rageot-Chestov et G. Bataille, Paris, Vrin, 1949, p. 224-227 (les crochets sont de moi).

suivante : c'est que, sous prétexte de se soucier de la souffrance de l'autre, le regard compatissant, en liant l'autre à sa souffrance, l'« oblige » par là même à s'identifier à quelque chose que lui-même (cet autre) refuse de tout son être. Car telle est la souffrance, l'intensité psychophysique de la souffrance, que celui qui la souffre, et qui en souffre, ne peut vouloir *demeurer* en son sein. La souffrance, quand bien même on la supporterait, à l'aide de tel ou tel étai, reste quelque chose d'insupportable. Elle porte en elle le besoin de sa mise à l'écart, voire de son annihilation. Or, encore une fois, que fait le regard compatissant ? Il réduit l'être souffrant à ce qu'il ne veut justement pas être. Il n'a pas le moindre respect pour ce dont il est fait, au moment même où il souffre, où il est donc tout entier livré à sa souffrance, à savoir une *aspiration* de son être tout entier à ne plus souffrir. C'est en raison même de cette aspiration qui toujours va *avec* la souffrance, ou plutôt que la souffrance porte en elle, c'est par rapport à cette aspiration qui, dans la souffrance, à la fois procède d'elle et l'excède de part en part, que naît la honte : elle naît de l'*excédence* qui transit la souffrance, de cette souffrance qui occupe l'être de chair si entièrement qu'elle le submerge le plus souvent. Sans cette aspiration inhérente à la souffrance – autant dire sans le besoin de libération que la souffrance porte en elle comme sa propre excédence, sans ce besoin qu'elle enveloppe dans ses plis et comme son repli en soi-même, et sans la liberté de ce qui ainsi se libère, à même l'aspiration qui traverse la souffrance –, sans doute la honte ne surviendrait-elle pas. La honte survient depuis la liberté. Depuis ce besoin de libération que la souffrance porte en elle. Mais la honte *n'est pas* l'aspiration : alors que l'aspiration est intrinsèquement liée à la souffrance, la honte est l'apanage de l'*esprit* et de lui seul. Ou pour le dire autrement : *c'est une modalité de la conscience réflexive*. Et c'est en quoi elle n'est qu'« humaine ». En effet, si l'aspiration *de* la souffrance (au sens *subjectif* du génitif) est son propre « ne pas vouloir de soi », son propre rejet de soi, son besoin de libération, comme je l'ai aussi appelée, la honte (qui est celle *de* la souffrance, mais au sens *objectif* du génitif, cette fois) n'est autre que le « ne pas vouloir s'identifier ou être identifié à sa souffrance » de la *conscience* souffrante. Et c'est bien ce que n'ignore justement pas la pitié, elle qui *sait* qu'elle est cruelle, en effet, quand elle se porte vers l'être souffrant non parce qu'il souffre mais parce qu'*il n'est tout entier que souffrance*. Curieuse, étrange et abyssale « méchanceté » *de la pitié*, qui ne retient de l'autre que la souffrance dont il est victime et qui le submerge, sans tenir compte par ailleurs de sa honte à se voir ainsi condamné à cette capitulation de la liberté dans la douleur et par elle.

Pas de souffrance sans besoin de libération. Mais pas de honte non plus sans ce besoin de libération. Pas non plus de pitié sans faire honte. Mais pas non plus de souffrance sans une *double* aspiration : une aspiration inhérente à la *souffrance*, et une aspiration inhérente à la *conscience souffrante*. Par conscience souffrante, j'entends la conscience qui éprouve de la honte au vu de sa souffrance, mieux : au vu de son identification à la souffrance. Aussi l'aspiration inhérente à la conscience souffrante est-elle une aspiration à la *pudeur* (*Scheu*). Le *droit à la pudeur* apparaît de ce fait comme la toute première des prescriptions que devrait formuler une éthique qui verrait dans la résolution d'épargner la honte à quelqu'un un summum d'humanité (c'est-à-dire un premier pas vers la *surhumanité*). Et l'on comprend pourquoi : avoir droit à la pudeur, ce n'est rien de moins qu'avoir le droit de ne pas subir l'injustice d'être identifié à sa souffrance ; c'est avoir le droit d'être reconnu comme étant soi-même *toujours plus* que cette souffrance subie.

La souffrance, il est vrai que je la subis, qu'elle me tombe dessus, qu'elle m'envahit, mais je ne veux pas pour autant que l'on me considère seulement comme l'être souffrant que je suis. Tel est le fondement et telle est la nécessité de cette pudeur radicale que Nietzsche exige que l'on respecte en chaque individu. Or la compassion table sur une *exposition* de la souffrance, voire sur une certaine *exhibition* de l'être souffrant, et c'est ce réquisit qui en fait chaque fois quelque chose d'indécent, du moins d'indélicat, quelque chose en tout cas qui gêne et embarrasse à la fois ceux qui souffrent et ceux qui se portent à la compassion de façon spontanée. Il y a en effet quelque chose de gênant et d'embarrassant à ne pas vouloir tenir compte de l'essentielle et insurmontable *pudeur* de l'être souffrant. Si donc la pitié peut être qualifiée de sentiment *honteux*, c'est en raison du fait qu'elle n'a pas la plus élémentaire considération pour le voile de pudeur que l'être souffrant a le désir de jeter sur l'exposition même de sa souffrance.

Peut-on contester que, quand nous souffrons, nous nous prêtons de mauvaise grâce à la sollicitude de l'autre ? Pourquoi l'envie nous prend-elle de nous dérober aussitôt à son regard ? C'est un fait : quand nous souffrons, nous ne nous jetons pas spontanément dans les bras d'autrui en criant à l'aide. En dépit des apparences, appeler au secours ne va jamais de soi. Qu'est-ce qui explique que nous éprouvions une telle réticence ? Si nous détestons apparaître au regard de l'autre comme identifiés à ce qui nous fragilise, à ce qui nous affaiblit, à ce qui dispose de nous sans que nous le voulions, à ce qui nous destitue de notre position d'êtres libres, de « sujets », ce n'est pas pour des raisons morales mais ontologiques – pas par orgueil, donc, mais au contraire par honnêteté vis-à-vis de ce que nous sommes. Car nous sommes toujours *plus* que la douleur qui nous transit en propre. Et cette *excédence* est telle que nous refuserons sans doute toujours d'être réduits à ce qui, dans l'exhibition de notre être souffrant, se donne comme le signe même de la passibilité et de la vulnérabilité. Ainsi puisons-nous parfois nos dernières forces dans le refus d'exposer notre vulnérabilité à ceux-là mêmes qui s'honorent de la masquer, comme si en disant : Je ne veux pas me montrer faible, nous cherchions à dire : Je ne suis pas si faible que cela, je suis fort au contraire, et j'en veux pour preuve cette force que je mets, à perdre haleine, et au risque d'en crever, dans le refus de me laisser identifier à cette souffrance qui me transit et m'avilit.

♣

Nietzsche consacre un chapitre entier d'*Ainsi parlait Zarathoustra* au problème de la honte et à la question de la pudeur dans leur rapport intime au phénomène de la compassion. Ce chapitre, qui est au centre du Livre II, s'intitule : « Des compatissants »[1]. Il peut être

1. F. Nietzsche, *Ainsi parlait Zarathoustra*, II, « Des compatissants », *op. cit.*, p. 349-352. Sauf mention contraire, toutes les citations qui suivent sont extraites de ce chapitre.

considéré sans exagération comme l'une des expressions les plus ardentes et les plus complètes de « l'éthique » nietzschéenne. Et ce n'est bien sûr pas un hasard si Nietzsche y propose une interprétation de la mort de Dieu. Cette nouvelle approche ne repose pas, comme dans le fameux § 125 du *Gai Savoir*, sur l'analyse du meurtre *perpétré par l'homme* ; car là, au lieu d'entendre l'homme s'écrier : « Dieu est mort ! Dieu reste mort ! et c'est nous qui l'avons tué… », il est question d'un Dieu qui rend l'âme parce qu'il ne parvient plus à s'immuniser contre la souffrance compatissante que fait naître en lui la vision de l'homme, de l'homme épris de pitié précisément, de l'homme tel qu'il se trouve constamment assujetti à ce « sentiment désagréable », comme disait Aristote, ou à cette « passion triste », comme l'appelait Spinoza, de l'homme qui perd la tête à force de ne plus pouvoir et de ne plus savoir contenir son cœur. « Dieu est mort », dit donc Nietzsche encore une fois, mais cette fois, « c'est sa pitié des hommes qui a tué Dieu ». Dieu aurait donc succombé à la pitié – à cette pitié qui lui aurait été inspirée non par les hommes à proprement parler, mais par cette pitié universelle, globale, hégémonique, omniprésente, impérieuse et impérative, qui aura fini par devenir pour les hommes l'alpha et l'oméga de leur morale… C'est dire si une « éthique » à faire surgir par-delà bien et mal ne devrait pas culminer dans cette phrase où chaque mot aura été admirablement pesé et qui exigerait à elle seule tout un livre, et peut-être bien plus qu'un livre, pour en élucider le sens et en mesurer toute la portée : « […] si tu as un ami qui souffre, sois un asile pour sa souffrance, mais sois en quelque sorte un lit dur, un lit de camp : c'est ainsi que tu lui seras le plus utile. /Et si un ami te fait du mal, dis-lui : "Je te pardonne ce que tu m'as fait ; mais que tu te le sois fait à toi, – comment saurais-je pardonner cela ! /Ainsi parle tout grand amour : il surmonte même le pardon et la pitié." » !

Or, avant d'en arriver à pareille conclusion, à savoir que « tout grand amour est au-dessus de la pitié », Nietzsche avait noté, et cela dès le commencement de son chapitre, que l'homme, à défaut d'avoir une essence, a bel et bien une histoire et que cette histoire n'est autre que celle de la *honte*. « Ô mes amis ! Ainsi parle celui qui cherche la connaissance : Honte, honte, honte – c'est là l'histoire de l'homme ! » L'histoire de la honte est même à tel point celle de l'homme que celui-ci, c'est-à-dire cet être foncièrement et indéfiniment problématique, cet être qui ne cesse de buter sur sa propre énigme, peut légitimement recevoir en retour, de cette pensée qui aspire à la connaissance et qui *s'y risque en inventant*, non pas une définition idoine mais une première *nomination* adéquate. L'homme est en effet cet « animal » qu'il conviendrait d'appeler « la bête aux joues rouges ». On a eu tort de définir l'homme en termes de *zoôn logon ekhôn*, ou de *zoôn politikon* ; ce qu'il est essentiellement, c'est « bête aux joues rouges ». Sa différence spécifique, il la tient de la honte. À l'homme la rougeur monte aux joues aussi naturellement que l'oiseau vole ou que le poisson nage. – Tels sont les mots de Nietzsche : « Celui qui cherche la connaissance appelle l'homme : la bête aux joues rouges. /Pourquoi lui a-t-il donné ce nom ? N'est-ce pas parce que l'homme a dû trop souvent rougir de honte ? /Ô mes amis, Ô mes amis ! Ainsi parle celui qui cherche la connaissance : Honte, honte, honte – c'est là l'histoire de l'homme ! /Et c'est pourquoi l'homme noble s'impose de ne pas humilier les autres hommes : il s'impose la pudeur devant tout ce qui souffre. » En effet : pour autant que faire honte revient toujours à humilier, l'horreur de l'humiliation infligée à l'autre devrait elle-même commander (et elle le commande de fait à l'*homme noble*) de faire montre de *pudeur* devant l'être qui souffre.

Comme Nietzsche le précise peu de temps après, il est temps de reconnaître que l'homme, depuis qu'il existe, a plus souvent eu honte qu'il ne s'est réjoui. Et s'il s'est aussi peu réjoui, c'est aussi parce qu'il s'est laissé aller à « conforter » la souffrance qui est la sienne, toujours inévitablement la sienne, *en la respectant*. Peut-être ce que l'on désigne un peu partout et depuis fort longtemps sous le nom de « culture » n'est-il que l'institution d'un apprentissage singulier : celui du respect à l'endroit de la souffrance. Ce respect envers la souffrance n'équivaut cependant pas à une simple prise en considération ; il s'agit aussi, et surtout, de traiter cette souffrance avec des égards particuliers.

La souffrance, pour quiconque ressent de l'estime à l'égard de la *vie*, à l'égard de la manière dont la vie chaque fois se manifeste, il ne fait aucun doute qu'il faut la prendre en compte ; il est même faux, pour ne pas dire absurde, de vouloir la considérer comme si elle n'était tout au plus qu'un « épiphénomène » du phénomène appelé « vie ». La souffrance, on ne doit pas faire comme si elle n'existait pas *par elle-même*, ou comme si elle ne représentait pas une *composante fondamentale* et *irréductible* de la vie. Seulement le fait de la reconnaître à sa vraie dimension n'implique en aucune manière le devoir de la respecter. S'il fallait en revanche respecter quelque chose, dans l'observation du phénomène de la souffrance, ce seraient les deux plans suivants : (*a*) le plan onto-phénoménologique de « l'essence » du *vivant*, où se mêlent inextricablement, au cœur de son affectivité constitutive, le Souffrir et le Jouir, et (*b*) le plan de la « morale » *humaine*, où l'on aura cherché, en Occident du moins, et non sans justification, c'est-à-dire au nom d'un « bonheur » hissé au rang d'idéal, à lutter contre la souffrance. Or, et c'est peut-être là que réside le paradoxe de la « culture », en combattant la souffrance comme on a tenté, sous nos latitudes, et à toute époque, de le faire, qu'a-t-on fait d'autre, sinon apprendre à la respecter ? Le respect de l'ennemi n'est-il pas tenu pour la condition d'un combat honorable ? La question de Nietzsche s'élève depuis ce promontoire : comment faire, dans un monde qui est tout entier placé sous le signe de la « morale du respect », pour se débarrasser une fois pour toutes de son respect pour le malheur ? Là est, pour Nietzsche, le problème crucial que l'*homme d'aujourd'hui* pose à son humanité ; là est la question qui décidera ou non du *dépassement* de son ultime figure, celle du « dernier homme », celle de l'homme-suppôt du nihilisme conçu comme « négation de la vie ». Car ce qu'il incombe à l'homme de faire – et ça lui incombe absolument –, c'est d'apprendre *à la fois à ne pas rejeter et à ne pas avoir d'égards pour ce malheur qui lui vient de la souffrance.*

Je le répète : ne pas respecter la souffrance ne veut pas dire ne pas en tenir compte. La souffrance, on ne saurait nier qu'elle représente une modalité primordiale de son être – de son être vivant en tant qu'il est de part en part *affectif.* Mais j'irais encore plus loin ; je dirais qu'il n'y a aucune raison de la considérer comme une simple privation de joie, car c'est une *positivité* à part entière. Or reconnaître cette réalité, si positive et substantielle qu'elle soit, n'entraîne aucune allégeance à son endroit, même si nous sommes devenus, à la faveur d'une domestication culturelle, des animaux respectueux de la souffrance, même si nous avons été « conditionnés » à nous tenir en arrêt devant elle ou à ployer l'échine sous son joug.

Qu'est-ce qui nous aura dressés de la sorte ? Nietzsche a évidemment sa réponse. En est responsable cette invention de saint Paul, fruit du ressentiment, que l'on appelle le christianisme. Celui-ci, explique Nietzsche, n'a rien d'une religion de l'amour : il consiste bien plutôt en cette *puissance de domestication* qui nous aura appris à – c'est-à-dire qui nous aura commandés de – respecter notre souffrance en nous obligeant non seulement à la trouver *noble*, mais à la considérer aussi, et surtout, comme la voie royale d'accession au « salut », ainsi qu'en témoigne par excellence la survalorisation de la « passion » du Christ. Aussi une question se pose-t-elle urgemment : pouvons-nous nous défaire de ce dressage ? Avons-nous *encore* la force – et le courage – de le faire ? Et si oui, comment ? Comment nous débarrasser de cet atroce pli, qui nous replie sur nous-mêmes, et par lequel nous nous sommes pliés et continuons de nous plier au respect de la souffrance ? Quelle serait, pour nous, la voie du *redressement* ?

Une image indiquerait assez bien, je crois, la position de Nietzsche : lorsqu'une barre de fer a été déformée, il convient, si l'on désire lui redonner sa forme initiale, ou presque, de la tordre dans l'autre sens. Ce qui revient à dire que pour tous ceux qui ont dû apprendre à respecter le malheur, qui ont été conduits à intérioriser cette loi, cette obligation, cet impérieux devoir, il est plus qu'utile, il est même nécessaire de *les soumettre désormais à la loi contraire*, fût-ce, je m'empresse de le préciser, au prix sinon d'une dangereuse, du moins d'une monstrueuse *exagération.* Car le fait est : nous avons été si bien dressés, si intimement et si durablement domestiqués au respect de la souffrance qu'il importe maintenant de prendre le risque, un risque en tout point terrible et terrifiant, de *professer* qu'il est de notre « devoir » (selon une « éthique » frappée cette fois au coin du *grand amour* et non de la pitié ou de la charité) d'apprendre à oser se montrer *cruel.* Cruel envers soi comme envers les autres. Ou pour mieux dire : cruel envers soi *avant* de l'être ou de songer à l'être envers les autres. Voilà comment aura pris naissance chez l'homme le moins cruel du monde le thème, en tant que tel si périlleux, et en général si mal compris et si mal interprété, de la « cruauté ».

Il n'est pas question de « sadisme », ni de faire le mal « pour le mal » ; pas question non plus de cette joie maligne qui occupe le cœur des malfaisants. Non : le thème de la cruauté, l'appel à la cruauté ne surgit dans l'œuvre de Nietzsche que dans la mesure où ce dernier a décidé de faire fond sur la situation qui était celle des hommes de son temps (« je connais les signes du temps ») et qui est, pour diverses raisons qu'il n'est pas utile de décliner, encore la nôtre aujourd'hui.

Nietzsche prend le risque majeur, voire insensé, de déclarer : si nous voulions nous débarrasser de ce qui nous fait le plus de *tort* – et qu'est-ce qui nous aura fait autant de tort si ce n'est ce respect à l'égard du malheur que nous avons appris à considérer comme la preuve la moins contestable de notre vertu ? –, si nous voulions nous libérer de ce joug mortifère, alors il nous incomberait de nous transformer en *agents de la souffrance*, capables de cruauté. On oublie à quel point nos égards pour la souffrance nous plongent dans l'injustice, combien ils nous égarent par le fait qu'ils occultent, de façon éminemment perverse, retorse ou diabolique, ce fait essentiel de la *psychologie des profondeurs* (par ailleurs véritable socle d'une éthique de l'homme qui se sera surmonté lui-même) – à savoir que « *lorsque nous apprenons à mieux nous réjouir, c'est alors que nous désapprenons à faire du mal aux autres et d'inventer des souffrances* ». Si donc nous nous décidions à affronter la véritable source du mal (de ce mal que l'on se fait à soi-même comme du mal que l'on fait à autrui), il s'imposerait à nous que nous ne nous *contentions* plus de souffrir – donc que nous ne soyons jamais *contents* de souffrir, que nous ne nous satisfassions jamais de cette souffrance –, comme si nous pouvions y trouver l'occasion ou la matière d'une quelconque rédemption. Nous nous situerions alors pour ainsi dire de l'autre côté de la souffrance.

Car de l'autre côté de la souffrance, il n'y a plus l'acte de *subir* une souffrance, mais il n'y a pas pour autant la jouissance de ne pas souffrir soi-même ; il y a bien plutôt l'acte de *faire* souffrir. Ainsi Nietzsche aura-t-il osé le pas en direction de cette monstrueuse « vérité », à savoir que si nous ne voulons plus de ce respect de la souffrance que l'on nous impose partout – sous l'influence du christianisme –, alors il faudra bien aller jusqu'à vouloir la *dominer*. Pas l'éradiquer, ni la dompter, mais la dominer. Or nul ne la dominera mieux que celui qui en sera la cause, en toute connaissance de cause. Autant dire que ce qu'il faut, c'est être cruel, si être cruel signifie que la douleur, loin de mériter l'autorité qu'on lui accorde, doit au contraire être enfin, pleinement, et définitivement, dominée. Quand on est cruel, on domine la douleur parce qu'on l'exerce souverainement, fût-ce à son propre endroit. On la destitue d'ailleurs encore plus de son autorité quand on l'exerce à l'endroit de soi-même – d'où la hiérarchie que Nietzsche s'impose quand il est question du rapport à la cruauté : pour lui, en effet, la cruauté envers soi doit toujours primer la cruauté envers l'autre.

Ne pas être soumis à la souffrance, mais la soumettre à sa loi, à la loi de sa volonté, est-ce la seule façon de s'en sortir ? Est-ce vraiment ainsi que l'on ne finira pas par mourir de ce respect à l'endroit du malheur qui fait dorénavant partie de l'air que l'on respire ? Une chose est sûre : tel aura été le fond, succinctement, voire grossièrement présenté, du thème de la cruauté chez Nietzsche. Pour lui, il ne s'agit pas d'être *méchant* – Nietzsche, il faut le dire et le redire, ne fut rien de moins que le chantre du « grand amour », d'un amour qui n'existe que de pouvoir « surmonter le pardon et la pitié ». Il s'agit plutôt de *conquérir* une position de domination par rapport à la souffrance, car, dans le cas contraire, c'est elle malheureusement qui nous circonscrit et ainsi nous domine. Or, s'il vaut mieux dominer sa souffrance que se contenter de la respecter, s'il faut, en d'autres termes, en devenir le *maître*, il faut aussi, dans le même temps, se montrer capable de cruauté : l'un ne va pas sans l'autre.

On le voit, la question est des plus délicates. Nietzsche marche constamment sur une ligne de crête et sur cette crête, il ne se tient plus vraiment *à hauteur d'homme*. Cette ascension n'est pas seulement la conséquence de sa découverte de « l'éternel retour » : Nietzsche se situe, là aussi, avec son approche incendiaire de la cruauté, à 6 000 pieds au-dessus de l'humanité, de cette humanité qui ne mesure sa noblesse qu'à la compassion qu'elle témoigne à l'égard des malheureux. Or, puisqu'il s'agit d'une crête, il y a, des deux côtés de la crête sur laquelle le penseur cherche à se tenir, deux versants, l'un à droite et l'autre à gauche, et le vertige menace. Nietzsche, cela va sans dire, avance à pas comptés, en équilibriste, en habile funambule, rompu à ces *efforts sur soi* qu'exige toute escalade. Et, de fait, tout ce qu'il dit, tout ce qu'il ose écrire, tout ce qu'il se fait violence de penser, risque à tout moment, à chacun de ses pas, de l'entraîner corps et biens par-dessus l'abîme. Le danger est immense, il est incommensurable : combien y auront trouvé l'occasion de se perdre ! Le danger, au moins pour le lecteur, c'est que la difficulté qui caractérise l'accès à la signification philosophique de ces textes vient aussi de ce que leur lecture semble facile : les concepts que Nietzsche forge et emploie bel et bien ne se présentent jamais comme des concepts, sa pensée circonscrit les choses plus qu'elle ne les détaille, son écriture privilégie la fulgurance de l'intuition à la patience de l'analyse, et lorsqu'il se consacre à celle-ci, il le fait dans un langage sans jargon, dans un idiome accessible à tous. Or rien n'est plus trompeur : Nietzsche ne philosophe pas seulement à coups de marteau, la moindre de ses propositions s'apparente à un bâton de dynamite qu'il se plaît à placer entre nos mains et qu'il nous faut prendre le plus grand soin de ne pas allumer de manière intempestive ou inconsidérée. L'histoire nous en aura donné plus d'une bouleversante leçon, puisque de la pensée nietzschéenne on aura tout fait : on lui aura imposé de nourrir les extrémismes les plus infâmes aussi bien que d'endosser les visions les plus atroces.

Et pourtant, il y avait bien dans la simplicité idiomatique de Nietzsche quelque chose qui devait lui servir à répondre à ses intentions premières. Malgré l'énormité en apparence irresponsable du propos qu'il entendait tenir, notamment en ce qui concerne la question de la cruauté, malgré aussi son extraordinaire *maturité* philosophique, Nietzsche espérait faire retrouver à son lecteur comme une *fraîcheur*, sinon une forme de *naïveté* semblable à celle qui caractérise l'enfance, l'enjeu étant bien sûr, comme toujours, d'éviter de se ruer tête la première, et sans crier gare, contre l'enceinte régulièrement consolidée des préjugés.

(Que l'on me permette d'ouvrir une parenthèse, que je crois à ce stade nécessaire. Dire que peut-être – et je dis bien *peut-être* – « l'enfance » qualifie ce temps où l'on n'est pas encore modelé, dressé, domestiqué, par les significations qu'il appartient à la *morale dominante* de transmettre avec chaque fois une intention qui est tout autre que « morale » – car il y va chaque fois de la satisfaction visée par la « volonté de puissance » –, le fait de dire cela introduit à une question plus vaste encore : celle de la réflexion préalable que tout lecteur de Nietzsche a le devoir de s'imposer avant d'aborder son discours, si délibérément « compréhensible », si ouvertement « accessible ». Ce qu'il faut comprendre en effet, c'est que ce n'est pas sans raison que Nietzsche s'est efforcé de renoncer, autant que faire se pouvait, à l'idiome philosophique – mettons celui qu'il avait hérité de Kant, de Hegel ou de Schopenhauer. Nietzsche visait essentiellement à s'adresser à *quelque chose en nous* dont il espérait qu'il serait *sauf de toute domestication*. Autrement dit, c'est à une certaine part de soi scellée en nous-mêmes – une part vierge de toute imprégnation morale – que Nietzsche a eu l'espoir, la candeur peut-être, de pouvoir s'adresser. De là qu'il ne suffit absolument pas, quand on se rapporte à l'un de ses textes, de *bien comprendre*. Ce qu'il est requis de faire également, c'est-à-dire en même temps, c'est, à défaut d'aller la puiser au tréfonds de soi-même, d'inventer pour soi-même et comme ce Soi lui-même, malgré le cortège d'illusions et d'automystifications que cette invention entraîne inévitablement, cette *part de naïveté et de fraîcheur* qui aura échappé, du moins le suppose-t-on, au dressage comme aux divers redressements de la morale. Autant dire qu'un lecteur de Nietzsche – je veux dire un lecteur qui se veut *juste* avec lui – ne peut faire l'économie d'un *double travail* : un *travail sur le texte* qu'il se sera donné à lire, un travail au mieux « critique », fait d'écoute, d'interrogation et d'interprétation, et concomitamment à ce premier travail, un *travail sur soi*, ce second travail ayant pour but d'aménager en soi (je veux dire dans son esprit comme dans sa mémoire, et jusque dans la façon dont il lui appartient d'appréhender son corps) l'espace dans lequel ce texte pourra enfin résonner comme Nietzsche aura pu souhaiter qu'il résonne – c'est-à-dire avec fracas. Cela, on ne le dit pas assez, et c'est pourquoi ici je le dis. C'est d'ailleurs là une chose d'autant plus dommageable que, *d'une part*, l'on égalise, ce faisant, la teneur de tous les textes, en les subsumant, au-delà de leurs différences rhétoriques singulières, sous une seule et même rubrique, supposément homogène, celle de la « philosophie de Nietzsche » et que, *d'autre part*, l'on feint d'ignorer qu'un philosophe quel qu'il soit – et pas seulement Nietzsche – se distingue toujours d'un autre philosophe par le fait qu'il s'adresse, chez son lecteur présumé, à *un être en particulier que ce lecteur lui-même le plus souvent ignore*. En effet, si lire un philosophe, porter attention à son discours, c'est toujours se lancer à la découverte de soi-même, c'est-à-dire de cette part de soi à laquelle ce discours est censé s'adresser en particulier, ce qu'il importe à chaque fois de faire, lorsque cette lecture et cette attention se produisent, c'est d'aller à la découverte de cet « être en particulier » auquel le discours s'adresse et qui ne préexiste jamais à cette adresse elle-même. Platon, Descartes ou Hegel s'adressent eux aussi à « quelqu'un en nous », quelqu'un de différent selon les cas, c'est-à-dire selon les discours en question, quelqu'un que nous ne connaissons pas à l'avance et que nous devons chaque fois aller chercher, oser aller chercher, c'est-à-dire *inventer*, afin de rendre justice à leurs paroles. Voilà pourquoi, remarquer que la parole philosophique de Platon, de Descartes ou de Hegel a résonné en nous, c'est mettre le doigt sur le fait qu'elle s'est trouvée en nous – je veux dire dans notre esprit comme dans notre mémoire, et jusque dans la façon dont il nous appartient d'appréhender notre corps – un espace où prendre forme et résonner. Il en va bien entendu de même de toute pensée d'envergure. – Bref, tout cela pour dire que nous ne devrions jamais penser que dans un texte philosophique on rentre de plain-pied comme on entre dans un immeuble par le rez-de-chaussée. Il faut creuser son chemin pour y arriver, à la manière d'une taupe. Je dirai même plus, mais seulement en passant, car je n'ai ni le temps ni l'espace de développer ce point, si capital qu'il soit à mes yeux ; je dirai donc qu'il faut *passer par l'impossible*, sinon *abuser de l'improbable*, pour reprendre à Paul Valéry deux expressions qu'il destinait pour sa part à la danse… Mais cette galerie souterraine, ce « passage » qui passe par l'impossible, où le creuse-t-on exactement ? On le creuse – non sans un tâtonnement dû non à l'absence de lumière, mais à cette myopie de taupe dont je viens de parler –, on le creuse donc, ce « passage », non pas à l'extérieur, dans le monde délibérément compréhensible et ouvertement accessible des *significations*, mais à l'intérieur de soi-même, et uniquement en soi-même. C'est-à-dire dans les limites de cette *psyché* que l'on se sentira le devoir de (s')inventer à l'occasion et pour l'occasion : afin que le texte résonne avec un fracas tel qu'il en vienne à ébranler la citadelle érigée par ses défenses. Le chemin, l'on n'a donc pas à le bâtir en déblayant le terrain et en posant des pavés ; il importe, au contraire, de dynamiter l'ensemble des pavés qui ont déjà été posés et de renoncer à en poser de nouveaux. Car ce qui compte, c'est de faire le vide en soi, et sans doute aussi autour de soi, afin qu'une *chambre d'écho* se dresse et puisse offrir à la parole écoutée – lue et étudiée – un moyen de se faire entendre – de se laisser interpréter et de se faire ainsi comprendre… Sans doute, chez Nietzsche, cela est-il plus sensible que partout ailleurs, ne serait-ce que parce qu'il a décidé de prendre pour cible la *sédimentation* des significations morales qui stabilisent une « époque », configurent une « civilisation », mais qui ne manquent pas de l'asphyxier tout autant, cette fixation aussi bien protectrice que menaçante posant à elle seule, et comme telle, ce que Nietzsche appelle *le problème de la culture*[1]. Sur ces mots, je referme la parenthèse.)

1. Pour Nietzsche, la méthode de penser, s'il y en a, consiste à *problématiser*. Or, pour problématiser, pour assurer la problématisation de telle ou telle « question », il est besoin d'un critérium. Le critérium peut être particulier, c'est-à-dire propre à chacune des questions problématisées. Mais se situe-t-on encore, dans ce cas, dans le champ de la philosophie ? Le philosophe n'est-il pas enclin à fonder sur un critérium *unique et universel* – comme tel figure de l'Un-Tout – *toutes* les problématisations auxquelles il se propose justement de donner corps au moyen de son discours ? Pour tout philosophe, il peut arriver à n'importe quelle « question » de se hisser au rang de problème ; mais pour Nietzsche, c'est précisément pour cette raison que le philosophe se doit d'entrer en jeu et peut justifier sa « mission » en tant que *médecin de la civilisation*. Dès lors, que veut dire pour lui « problème » ? Cette question peut être formulée d'une autre façon : par rapport à quoi exactement Nietzsche pense-t-il qu'un problème est susceptible de se poser ? Nietzsche se préoccupe par exemple du problème de la culture, du problème de la connaissance, du problème de la morale, etc., et tous ces problèmes, il ne lui appartient pas seulement de les dégager : il lui revient aussi, et si possible, de les résoudre. En quoi la morale, pour choisir un exemple parmi d'autres, se montre-t-elle problématique ? Ou plutôt : quand est-ce qu'elle le *devient* ? Dans de très nombreux textes, Nietzsche soutient l'idée que la morale devient problématique quand la valeur *de* la morale (et non pas seulement *telle* ou *telle* valeur morale) se met à entrer en contradiction (une contradiction non pas d'ordre logique mais d'ordre existentiel) avec le déploiement dynamico-affectif de la vie (de cette vie qui a pour structure la volonté de puissance). Et il en sera de même pour ce qui est de la culture si c'est la valeur *de* la culture (et non pas seulement *telle* ou *telle* valeur culturelle) qui se met à entrer en contradiction (une contradiction non pas d'ordre logique mais d'ordre existentiel) avec le déploiement dynamico-affectif de la vie… Bref, c'est toujours *dans son rapport à la vie* qu'une question, quelle qu'elle soit, est susceptible de devenir, de façon décisive, un « problème ».
Ainsi, sous la plume de Nietzsche, *problème* reprend-il un de ses sens premiers : il signifie pierre d'achoppement, obstacle, butée. En raison de sa structure, qui n'est autre que la volonté de puissance, la vie éprouve toujours le besoin de soi, le besoin de s'accroître de soi, c'est-à-dire d'étendre le champ des possibilités qui lui sont imparties à chaque fois individuellement. C'est la raison pour laquelle un « problème » advient aussitôt que la vie ne parvient plus à « avancer », c'est-à-dire à s'accroître de soi-même ; quand elle voit donc l'extension de son *pouvoir-être* obstrué. Reprenons nos exemples. Pourquoi la morale pose-t-elle un problème *à la vie* – car, on l'aura compris, c'est toujours à la vie que pour Nietzsche le problème se pose ? En fait, seule pose un problème à la vie la morale qui ne rend plus le mouvement d'ascendance et d'intensification de la vie *possible*. *Idem* pour ce qui est de la culture, quand, dans son rapport immanent à la vie, il lui arrive de ne plus tabler que sur des valeurs de destruction et d'épuisement (ainsi qu'il en retourne avec le *nihilisme*). Pour le montrer, Nietzsche interroge (il met en cause et aussi en question) la valeur même de toutes ces valeurs (morales et/ou culturelles) auxquelles le « dernier homme » sacrifie en toute bonne foi, et il les interroge chaque fois dans leur rapport à ce qui, de lui-même, par lui-même et en lui-même, est dénué de toute valeur, dans leur rapport donc à ce qui est, par

La position de Nietzsche au sujet de la compassion – et donc aussi de son envers, la cruauté – ne pouvait ressembler qu'à une position d'équilibriste. C'est qu'on ne peut pas *s'en tenir à* la compassion, mais on ne peut pas la *rejeter* non plus. Et corrélativement, on ne peut pas *s'en tenir à* la cruauté, et l'on ne peut pas non plus la *rejeter*. Ce qu'il faut constamment, et dans les deux cas, c'est éviter deux erreurs, d'ordre topologique. Il importe de se tenir *à distance* – c'est-à-dire à *bonne* distance – du « trop proche » (propre à la compassion) comme du « trop éloigné » (propre à la cruauté). Mais comment ?

Il appartient au *grand amour*, et à lui seul, d'offrir sa mesure sans mesure à l'appréhension de la question. Car c'est au nom de cet amour, qualifié par Nietzsche de « grand » pour en spécifier la singularité, mais aussi, et surtout, la dignité (sa dignité vient de ce qu'il dépasse toute mesure humaine, trop humaine, qu'il transcende donc la charité), c'est seulement selon ce rapport, comme tel incommensurable, que *doit* en effet pouvoir être mesuré (si le fini se mesure bien par l'infini et non l'inverse) le juste exercice de la compassion comme le juste exercice de la cruauté (et si je dis « doit » et que je le souligne aussi bien, c'est en supposant que l'on ait compris que ce « devoir » n'a de sens qu'au regard de cette éthique supra-humaine qui se sera donné pour principe de *ne plus avoir à se tenir en respect devant la souffrance*).

Mais par ailleurs, si le *grand amour* est encore un *amour*, c'est bien parce que l'amour a pour essence, quelles que soient ses modalités, de ne pas pouvoir se manifester dans l'excès de cruauté.

essence, en deçà ou au-delà de toute valorisation (de toute estimation et partant de toute perspective), à savoir : la vie.
Cela dit, affirmer que la vie, ce *pathos* dynamique, ou cette *dynamis* pathétique, est à l'origine de toute valorisation et, en ce sens, qu'elle précède cette valorisation aussi bien qu'elle l'excède, ne revient pas à penser que la vie n'est pas comme telle *évaluable*. Au contraire. C'est dire seulement que l'essence de la « civilisation », pour autant qu'une telle essence consiste en cette « évaluabilité » même, en la possibilité permanente d'une évaluation de la vie, est par essence (c'est-à-dire en toutes circonstances) *foncièrement problématique*. Ou bien encore qu'il n'y a pas de « civilisation » digne de ce nom qui n'érige pas d'obstacles au regard de la vie – d'où la nécessité (en toutes circonstances) de faire de l'entendement philosophique (de sa *dianoia* comme de sa *gnôsis*) un pouvoir de « diagnostic » et de « discernement » (*dia-gnôsis*).

On ne saurait en dire autant de l'excès de compassion : compatir, que ce soit un peu ou beaucoup, n'est jamais le contraire de l'amour. Et pourtant, il n'aimerait pas vraiment, celui qui, venant en aide à son ami, prendrait le risque de blesser durement sa fierté. C'est pourquoi, si l'on ne veut pas que la compassion vire à la cruauté, il est nécessaire de maintenir la relation avec l'autre (de la contenir et de la retenir) dans une certaine distance – dans cette distance qu'il convient chaque fois de *trouver* entre l'extrême proximité de la compassion et l'extrême éloignement de la cruauté. Car l'un comme l'autre vont à l'encontre de l'amour. Or c'est précisément cet amour et lui seul qui devrait compter en tout dernier ressort, une fois qu'aurait été *surmonté* le respect de la souffrance.

Outre qu'il vainc l'arrogance de la pitié, l'amour vainc la complaisance du pardon. Je ne parle pas du pardon que la *victime* prendrait sur elle d'octroyer à son bourreau ; je parle seulement du pardon que le bourreau se sentirait enclin à s'offrir à lui-même, dans le cas singulier il serait sa propre victime. Or, même dans le cas où un individu ferait du mal à un autre, il se ferait du mal à lui-même : en effet, le mal que l'on fait à un autre est aussi un mal que l'on se fait à soi-même dans la mesure où, en plus du mal que l'on fait à un autre, on se fait à soi-même *le mal de devenir méchant.*

Cela dit, s'il appartient bien à la seule victime de pouvoir pardonner un autre du mal qu'il lui a fait, à qui appartient-il de pardonner pour le mal que l'on se sera fait à soi-même ? Peut-on *se* pardonner, *se* demander pardon ?

Pour Nietzsche, le mal que l'on se fait à soi-même, le mal dont le même est à la fois le sujet et l'objet, ce mal ne saurait être pardonné *par soi-même* (alors qu'une victime est en droit de pardonner à un autre le mal qu'il lui a fait), mais seulement *par un autre.* Du reste, tout mal ne peut être pardonné que par un autre. Mais si personne d'autre que soi n'a le statut de victime et la fonction de bourreau, et si se pardonner est impossible pour cette raison, qui exercera le pardon ? Voici la réponse de Nietzsche : ce sera *l'ami(e).* Mériterait même seul(e) le nom d'ami(e) celui (ou celle) qui prendrait sur lui (ou sur elle) de pardonner l'autre du mal qu'il (cet autre) se sera fait *à lui-même*. Mais justement, *tel ne saurait être le cas* ! Car en lui pardonnant de la sorte, il n'agirait pas en *ami* qu'il est. Si l'ami est un ami, il ne doit en effet, en aucun cas, pardonner à son ami de s'être fait du mal *à lui-même*. Il doit lui dire au contraire : « Par amour, ou par amitié pour toi, je n'accepte pas que tu te sois fait du mal à toi-même. T'aimer, cela veut dire pour moi ne pas supporter, ne pas pouvoir supporter et ne pas avoir à supporter que tu te portes préjudice à toi-même – cela veut donc dire : ne pas te pardonner le mal que tu te fais. » Ainsi le *grand amour* ne pardonne-t-il pas en toutes circonstances. Certes, le sujet de ce grand amour pourra toujours, et il devra toujours, pardonner s'il est *seulement* en position de victime, mais si la victime d'un mal est *également* l'être qui le cause, et s'il n'y a qu'un ami de cet agent du mal qui puisse lui pardonner le mal qu'il s'est fait à lui-même, alors cet ami ne peut pas et ne doit pas le lui pardonner, car ce pardon équivaudrait à une absence d'amour ou d'amitié.

L'amour, le « grand amour », comme Nietzsche l'appelle, cet amour qui ne veut plus rien savoir de l'amour du prochain, de la charité chrétienne, qui est plutôt, selon une formule expressément forgée pour en prendre le contre-pied, un « amour des lointains », ce grand amour, donc, se doit, par essence, d'être *dur*. Et la dureté qui est la sienne, cette dureté qui fait partie de son essence, n'est pas sans confiner à la *cruauté*. Est-ce à dire que toute compassion en est absente ? À défaut de pouvoir exercer son pardon vis-à-vis de l'ami qui s'est fait du mal *à lui-même*, l'ami ne doit-il pas éprouver de la compassion pour ce dernier ? Ce sentiment de « partage » serait-il tout à fait *contraire* à l'amitié qu'il lui porte ? En partageant sa souffrance, risque-t-il, comme dans le cas du pardon, de déchoir de sa qualité d'ami ?

Là aussi, la réponse de Nietzsche n'est rien de moins que saisissante. Elle tient d'ailleurs en un bref énoncé qui résonne de tout son poids au beau milieu du chapitre d'*Ainsi parlait Zarathoustra* intitulé « Des compatissants » – à savoir : « S'il faut que je sois compatissant [et que veut donc dire cet extraordinaire "il faut" sinon que la pitié n'est pas complètement surmontable, ou bien qu'est surmontable une certaine pitié seulement, ou bien encore que *l'amour, qui ne pardonne pas tout, qui peut se montrer dur, voire injuste, ne saurait être impitoyable en tout état de cause* ?], s'il faut [donc] que je sois compatissant, je ne veux pas au moins que l'on dise que je le suis ; et quand je le suis, que ce soit à distance seulement[1]. »

On le constate à la lecture de cette seule proposition : ce jeu de la *pudeur*, qui est à la fois dans le sujet compatissant et dans l'être pitoyable, autrement dit cette honte qui menace à tout moment d'intervenir dans le rapport compassionnel, voilà ce qui explique, en tout dernier ressort, que *l'usage de la compassion* est la chose décisive. En effet, ce qui importe, ce n'est pas de décider s'il faut, en tant qu'être humain, compatir ou ne pas compatir, et ce d'autant que l'être humain ne semble pas en avoir le choix, ce sentiment étant réputé irréfléchi et spontané. Non : ce qui compte plutôt, c'est de décider, à partir du moment où l'on compatit en effet, de *la manière* dont on va se porter au secours d'autrui, dont on va lui apporter son aide. Tel aura été le dernier mot de Nietzsche au sujet de la compassion. Nietzsche ne condamne pas la compassion *comme telle*, il condamne uniquement un *certain usage* que l'on pourrait en faire – un usage *catastrophique* pour l'avenir de l'homme et *honteux* pour le présent de l'humanité.

Est seul en cause l'usage de la compassion : s'il faut être compatissant – et, je le répète, on ne peut que l'être s'il est vrai que la compassion se manifeste avant toute réflexion, avant tout acte de volonté comme avant toute conscience de soi-même –, s'il faut être compatissant, alors il faut l'être sans le dire, sans s'en glorifier et, surtout, en se tenant à distance de la souffrance que l'on partage. Car cette distance est bien la seule chose qui puisse garantir que la *sympathie* ne vire pas à l'*antipathie*, ni la compassion à la cruauté ; il faut en effet que *l'identification* dont se soutient le « co-sentir » ne porte pas le compatissant à une souffrance telle qu'il s'empressera de vouloir

1. Les crochets sont de moi.

s'en débarrasser comme pour mieux se détourner de la souffrance co-sentie.

Et pourtant, Nietzsche est loin de s'être tenu à cette distance. Il a même, on peut le dire, toujours ignoré celle dont il avait justifié le bien-fondé. Nietzsche était incapable d'indifférence ; il était encore moins capable de cruauté. C'était un homme affable, simple et chaleureux. Il tenait en très haute estime l'amitié – en si haute estime d'ailleurs, qu'il ne l'envisageait qu'à la hauteur des étoiles… En lui, on ne trouverait pas grand-chose de ce caractère appelé « surhomme » – ni encore moins de cette « bête blonde » – qu'il a cru devoir dépeindre comme avenir et salut de l'humanité. Au reste, la même année où, dans *L'Antéchrist*, il couchait sur le papier son indignation et son dégoût, sa condamnation la plus impitoyable de la pitié, il se jeta au coup d'un animal que l'on rouait de coups dans les rues de Turin. L'épisode est fameux : ne pouvant résister plus longtemps aux hennissements atroces d'un cheval qui subissait les coups de fouet de son cocher, Nietzsche vola à son secours. Il se lança au cou de cet animal souffrant pour lui venir en aide – en l'occurrence pour s'interposer entre la victime et le bourreau, pour protéger la victime et faire échec au bourreau. Mais à cet instant, Nietzsche s'effondra. Une fois ramené dans sa chambre, on ne tarda pas à en conclure qu'il avait perdu à la fois la raison et l'usage de la parole. Son dernier geste d'homme « lucide » et responsable de ses actes aura donc été un élan de compassion.

On doit encore une fois à la sagacité incomparable de Chestov d'avoir donné une « explication », si explication il peut y avoir, de ce qui a peut-être été, pour le suppôt de *L'Antéchrist*, et au sujet de la compassion, le fond de l'affaire. – Nietzsche, écrit Chestov, « sait que les intellectuels d'aujourd'hui lui offriront non pas un sou, mais des centaines, des milliers de francs ; il sait qu'on l'habillera, qu'on le réchauffera, qu'on le nourrira ; que lorsqu'il tombera malade, il sera soigné avec dévouement. Mais il sait aussi que ces soins ne lui seront pas donnés gratuitement, d'une façon complètement désintéressée : pour finir on exigera de lui, non pas de la gratitude – nous sommes maintenant au-dessus de cela –, mais l'aveu qu'après une semblable dépense d'attention et d'amour, il doit se sentir dans le fond du cœur complètement satisfait, si pénible que soit sa situation. Il doit voir dans l'amour pour lui de ses semblables la réalisation de l'idéal suprême, de la première et dernière revendication que l'homme peut adresser à la vie. C'est cette compassion élevée au rang d'idéal ainsi que ses prêtres, qui suscitent en Nietzsche l'indignation la plus forte dont il soit capable. Il voit qu'on veut lui acheter son droit d'aînesse pour un plat de lentilles. Et bien qu'il ait presque cessé de croire à ce droit, il ne veut pas accepter le marché. Il repousse avec indignation et dégoût des dons qu'on lui présente, rien que pour pouvoir continuer la lutte tant que cela est possible »[1].

Ce texte admirable, et fort troublant, dit notamment ceci : de celui ou de celle vers qui nous nous dirigeons pour prodiguer nos soins, de celui ou de celle à qui nous offrons notre aide, de celui ou de celle, donc, à l'égard de qui nous espérons pouvoir dispenser notre plus vive attention et notre pleine assistance, nous exigeons toujours quelque chose en retour, afin que notre secours lui soit dûment proposé. Qu'est-ce que nous exigeons ? Non pas de la gratitude – nous sommes évidemment bien trop moraux pour cela : ce que nous faisons, cette pitié (*mercy*) que nous manifestons à l'égard de qui souffre, nous ne l'exprimons pas pour recevoir en échange un *remerciement* quelconque, nous le faisons uniquement au nom de cette « valeur suprême » (et en soi paradoxale, car foncièrement inestimable) qu'est *la vie*, et aussi parce que nous sommes, comme tout être humain responsable de ce qu'il aura reçu en partage, garants de la préservation de la vie, en nous-mêmes comme en tout autre. Et pourtant ! Il n'en demeure pas moins que nous exigeons bel et bien quelque chose en retour : non pas, comme je viens de le dire et comme je le redis, de la gratitude ; ce que nous exigeons, en plus de son consentement, c'est que l'individu à qui une aide a été apportée, considère que notre geste à son endroit est bien un geste *moral*. Autrement dit,

1. L. Chestov, *La Philosophie de la tragédie. Dostoïevski et Nietzsche*, *op. cit.*, p. 171.

nous exigeons de lui qu'il reconnaisse au moins notre *désintéressement*. Voilà ce que suggère de comprendre le texte de Chestov : que l'action morale à son plus haut sommet – c'est-à-dire la pitié, puisque, de l'aveu même de Nietzsche, « on a fait d'elle [de la pitié] la vertu, le terrain et l'origine de toutes les vertus »[1] – exige de l'autre, quand cette action compatissante s'exerce, qu'il la *reconnaisse* pour ce qu'elle est : une action morale, une action noble dont la noblesse ne peut que rejaillir sur son auteur et l'anoblir du même coup. Cette demande de reconnaissance de la moralité de son action – et aussi, en conséquence, de la bonté de sa personne – va tellement plus loin que toute demande de gratitude, que tout espoir de remerciement, qu'elle les occulte entièrement. D'autant que cette reconnaissance n'a rien d'abstrait ni de formel, qu'elle a une modalité propre : ce que nous recherchons dans le regard de l'être pitoyable que nous nous efforçons de secourir, c'est un *regard de sanctification* à notre endroit. Nous ne lui demandons pas de nous dire *merci*, mais nous lui demandons qu'il reconnaisse que nous sommes vis-à-vis de lui – *bons*. S'il ne reconnaissait pas notre bonté, la noblesse de notre bonté, nous arrêterions tout simplement d'agir pour son bien. Certes, nous ne voulons pas de gratitude – nous sommes en effet bien au-dessus de cela. Mais nous ne voulons pas non plus d'ingratitude. Là est notre insurmontable *indignité* : notre désintéressement s'arrête là où commence, là où *doit* commencer la reconnaissance de notre *valeur*. En d'autres termes : « Si en te soignant, tu me traites de salaud, j'arrêterai de te soigner. J'attends de toi, je ne dirais pas au moins mais uniquement, la sanctification de mon acte. »

Pas de don *sans condition* ? Pas de grâce *suffisante* ? Peut-être la source du pessimisme moral de Nietzsche se dissimule-t-elle là, dans cette prise de conscience que seule une « surhumanité », c'est-à-dire une humanité en perpétuel surpassement d'elle-même, pourra jamais répondre à, et répondre de, l'*inconditionnalité* du don.

1. F. Nietzsche, *L'Antéchrist. Imprécation contre le christianisme*, § 7, trad. H. Albert, révisée par J. Lacoste, *Œuvres* II, *op. cit.*, p. 1044.

Que toute morale – à l'image de cette morale kantienne qui est sans doute la plus profonde morale que la pensée occidentale ait jamais élaborée – doive prôner le désintéressement absolu, rien n'est plus sûr : la *valeur* morale d'un acte ne lui vient que du désintéressement qui préside à sa mise en œuvre, elle tient donc au fait qu'elle accomplit cet acte parce qu'elle *doit* le faire, que cet acte, elle le fait *par devoir* et pas seulement conformément à un devoir, et cela de telle sorte que si l'acte n'existait qu'en échange de quelque chose, s'il entrait dans une quelconque « économie » de partage et de biens, il ne pourrait plus être qualifié de *moral*.

Et pourtant – c'est tout l'apport de Nietzsche –, ce désintéressement, en dépit même de ce qu'il croit, pense ou veut, ne peut que rejaillir sur l'auteur de l'acte et le *déterminer* en retour.

En effet, en rejaillissant sur la *personne* morale, qu'est-ce que le désintéressement même de son acte fait d'elle ? Il fait d'elle un *être bon*, un être *pouvant être reconnu* tel. Or cet être pouvant être reconnu « bon » n'est pas un saint : il est humain, par trop humain, et à ce titre il veut ce qu'il peut. Il veut donc être reconnu comme cet être bon qu'il devient en vertu de sa vertu, à la faveur de son action morale désintéressée. Ce vouloir et cette demande de reconnaissance forment comme un *intérêt* dont la « présence subliminale » semble se situer au-delà de tout intéressement et de tout désintéressement *moraux*.

Suite à la subjectivation du sujet par l'action accomplie par devoir, après l'institution de la « personne morale » donc, il est encore besoin d'un processus d'identification – et c'est ce processus qui constitue le véritable *bénéfice* que le sujet de l'action morale peut tirer de celle-ci. Je fais le bien, mais en tant que je fais ce bien, en tant que mon action et la bonté qu'elle réalise font de moi une personne morale, capable de répondre de son acte, voilà que je m'identifie *en tant que bienfaisant*. Sur le terrain de la moralité, comme sur tout autre, la *subjectivation* donne lieu à une *identification*, qui elle-même en appelle à une *reconnaissance* – et c'est cette demande de reconnaissance que Kant aura complètement ignorée, mais que Nietzsche, en revanche, aura parfaitement entrevue. Il l'entrevoit avec effroi, faudrait-il ajouter, s'il est vrai que cette demande de reconnaissance suffit à menacer le *don* de tout fondement inconditionnel, de toute absoluité, de tout ancrage dans l'*an-économie* du « grand amour », qui est ce à quoi il aspire de toutes ses forces.

Car c'est précisément son identification subjective en tant que personne morale, une identification que le sujet moral, quand il en prend conscience, croit généralement juste et bonne, c'est cette identification qui, pour « être », doit encore passer par la reconnaissance de l'autre. En effet : si à la reconnaissance par un autre de la bonté du sujet moral appartient la *validation* de sa valeur en tant que personne morale, alors je ne serai cet *être bon* que la subjectivation de mon action opère que si celui à qui s'adresse mon action me sacre lui-même en la consacrant, elle. Ce sacre et cette consécration sont au principe de cette *sanctification* qui motive secrètement, disons mieux : inconsciemment, c'est-à-dire au-delà ou en deçà de toute conscience morale et de toute de volonté bonne, mon action accomplie par devoir.

Autant dire que s'il existe chez Nietzsche une éthique de la surhumanité (Nietzsche en déploie les grandes lignes dans son *Zarathoustra*), cette éthique ne peut reposer que sur un « au-delà du principe de la sanctification », bordure à partir de laquelle c'est l'humanité, mais aussi, relativement à celle-ci, la fraternité, l'amitié et le sacrifice, qui en viennent chacun à prendre une signification différente et inédite, à entrer dans une nouvelle dimension, à s'ouvrir à une *divinisation* tout autre. Et cependant, aussi longtemps que nous serons des hommes, que nous serons humains, trop humains, que nous serons donc *incapables de nous hisser à la hauteur du don, c'est-à-dire de le hisser, lui, à son inconditionnalité principielle*, la bonté, nous exigerons qu'on nous l'accorde à des fins identificatoires, qu'on nous la reconnaisse comme notre être même, de sorte qu'avec l'écot d'une telle reconnaissance nous puissions être remboursés de cette *absence d'identité fiable* qui est pourtant le lot de tous les hommes.

« Vous voulez encore être payés, ô vertueux ! Vous voulez être récompensés de votre vertu, avoir le ciel en place de la terre, et l'éternité en place de votre aujourd'hui[1] ? »

Peut-être ce cri lancé par Zarathoustra exprime-t-il ce qu'il y a de plus profond, de plus abyssal même, dans l'« éthique » de Nietzsche. Aux antipodes de la *rétribution* que promet un certain Évangile (je songe en particulier à Matthieu, V, 46), Zarathoustra, dans ce cinquième Évangile qui recueille son enseignement, et qui fut publié entre 1883 et 1885, ne promet rien. Pour les tenants du « grand amour », pour les fervents de l'hyperbole, pour les jouisseurs de l'absolu, pour les amis de l'impossible, aucun salaire ne saurait être versé en récompense de leur amour, de cet amour qui excède toutes les vertus possibles et imaginables, à commencer par la première de toutes : la pitié. Nietzsche, par la voix de Zarathoustra, sait bien que cette morale au-dessus de toute morale, ce rappel de l'amour qui précède et excède tout appel à l'aide, ne lui vaudra rien d'autre que réprobation, haine ou rancœur. Exiger l'impossible, n'est-ce pas dépasser ce qui est en notre pouvoir, transcender ce qui relève de l'humain ? « Et maintenant, s'écrie Zarathoustra à l'attention du dernier des hommes, vous m'en voulez de ce que j'enseigne qu'il n'y a ni rétributeur ni trésorier ? Et, en vérité, je n'enseigne même pas que la vertu soit sa propre récompense. »

Pour autant qu'il conditionne le don, l'espoir d'une récompense va à l'encontre du grand amour.

N'espérez rien en retour, pas même le retour du rien, dit en substance le porte-parole de Zarathoustra. Car c'est à cette seule condition – donc au gré de l'abolition de toute forme d'espoir, en raison même de l'absence insensée, déraisonnable, mais sans doute pas irraisonnée, de toute espèce de châtiment et de récompense –, c'est à cette seule condition *humainement im-possible* que tout vous sera donné, comme par surcroît. Comme si vous étiez – enfin – plus que des hommes…

1. F. Nietzsche, *Ainsi parlait Zarathoustra*, II, « Des vertueux », trad. cit., *Œuvres* II, *op. cit.*, p. 354.

Le grand amour n'est autre que ce don gracieux, cette offrande créatrice en vertu de laquelle on se donne soi-même à son amour – seule façon de *se* créer – comme on donne son prochain à son amour – seule façon de *le* créer. Aimer, ici, c'est en effet créer ce qui n'existe pas, c'est d'une certaine façon « engendrer dans la beauté », comme avait dit Platon. D'une certaine façon, dis-je, car, contrairement à Platon, Nietzsche n'entend pas par là le *don d'être*. Cette « beauté » dans l'engendrement n'est pas de l'ordre de l'être (*Sein*), mais seulement de l'ordre de l'Apparence (*Schein)* – de cette « *semblance* » (*Gleichnis*) dans la dimension de laquelle rien ne se produit sinon le Devenir et la Métamorphose. S'aimer soi-même, aimer son prochain, c'est alors donner, à soi comme à son prochain, d'être *autres* qu'eux-mêmes. Autant dire qu'aimer son prochain comme soi-même ne veut plus dire : lui tendre la main afin de le rendre à ce qui lui est le plus propre. Cela signifie maintenant : créer l'autre en tant qu'autre, lui donner sans cesse de devenir l'autre qu'il n'« est » justement pas, instaurer son altérité sans appropriation possible. Aimer l'autre, c'est l'instituer dans son altérité, exactement comme on est amené ou comme on est réduit à se créer en tant que soi, à instituer dans l'Apparence sa propre ipséité, car c'est dans l'Apparence seulement qu'elle demeure *inappropriable*.

Le grand amour a pour présupposé que ni le « soi » ni l'« autre » n'existent comme des données à portée de la main, que l'on pourrait naturellement s'approprier, avec quelque habileté. Le soi ni l'autre ne sont donnés à titre d'*êtres*. L'ipséité comme l'altérité sont des éléments du Devenir. La Métamorphose est leur seule « façon d'être », si l'on peut encore employer cette locution. D'où leur rattachement constitutif à la création. Plus encore : à l'amour. Car création et amour vont de pair. Ce que le grand amour aime, il veut le créer, dit Nietzsche[1]. Altérité et ipséité n'existent donc que pour autant que nous les aimons et les créons. Mais la grâce qui leur donne ainsi de *devenir* passe toute gratitude comme toute gratification – et si elle les passe,

1. Cf. F. Nietzsche, *Ainsi parlait Zarathoustra*, II, « Des compatissants », trad. cit., *Œuvres* II, *op. cit.*, p. 351.

les dépasse, voire les outrepasse aussi allègrement, c'est parce qu'il y va de l'instauration d'une *justice supérieure*, qui n'est ni distributive, ni commutative, ni rétributive, ni providentielle.

Mais encore ? Comment cette « justice » est-elle positivement ? A-t-elle un nom ? Peut-elle même en avoir un ? L'homme peut-il jamais lui en donner un sans que lui-même n'ait passé l'homme ?

Une chose est sûre : si toute justice doit pouvoir, en toute dernière instance, *rendre justice à la vie*, c'est-à-dire au principe même de toute justice – au fléau de la balance –, il ne saurait y avoir d'autre justice à lui rendre que *l'acquiescement*, puisque la vie est elle-même, tout entière, *affirmation, affect et puissance d'affirmation, par-delà bien et mal.* Affirmation qui n'est pas forcément « positive », mais sur laquelle aucune chose – pas même le rien – n'a le moindre pouvoir.

En cet acquiescement-là consiste l'hyperbole nietzschéenne la plus « folle », en tout cas la moins « humaine » et la moins « rationnelle » possible. Sur la lancée de cette hyperbole, il y a de grandes chances pour que toute la conception de la morale héritée des Grecs (résumée dans le vœu que la vertu soit « sa propre récompense »), toute cette éthique « raisonnable » et « raisonnée » à laquelle il n'est pas jusqu'au christianisme lui-même qui n'ait estimé qu'il était absolument impossible de lui tourner le dos, toute cette axiologie qui ramène chaque fois le divin au bien et le bien au raisonnable, et fidèlement à laquelle l'homme est réputé *humain*, soit enfin complètement dépassée.

Mais le fut-elle, dépassée, autrement qu'en pensée ?

Nous avons bien vu que dans sa réévaluation en tant que *prochain* – une transformation qui est allée de pair avec cette substitution de la *caritas* à la *philia* par laquelle l'ami en est venu à prendre statut de frère –, le *proche* avait subi, pour ainsi dire de proche en proche, un élargissement proprement infini. Il n'y avait plus de limites, de frontières, de séparation qui tenaient. Les dernières barrières étaient tombées. Désormais, plus rien ne demeurerait en dehors du bel amour caritatif, englobant et globalisant, bien à l'abri derrière sa simulation universelle et son pouvoir assimilateur. Rencontrerait-on un Martien qu'il serait, lui aussi, notre prochain[1]... Mais ne faut-il pas se demander si à la faveur de l'élargissement de la proximité, de l'universalisation du proche, c'est le proche qui s'est éloigné de plus en plus ou le lointain qui s'est rapproché de plus en plus ? En fait, tout laisse à penser que c'est le lointain (c'est-à-dire « l'autre en tant qu'autre », « l'étranger », le « non-intégrable », « l'inassimilable ») qui s'est rapproché progressivement, au risque de se retrouver privé de toute valeur. Sans doute cette progressivité est-elle le fruit du « progressisme ». Mais il ne suffit pas de le dire, il faut encore préciser que si le lointain s'est rapproché, c'est d'abord et surtout sous l'effet de plus en plus corrosif de la *loi du propre*. L'élargissement de la proximité n'est pas autre chose en effet que la mise en application universelle de la loi-du-propre[2]. « Le proche, c'est le propre ; le proche, c'est le plus propre (*prope, proprius*) »[3], écrit quelque part J. Derrida. Il est vrai qu'il n'est rien de plus proche ni de plus co-approprié au proche que le propre. Et cela au point qu'il faut aller jusqu'à dire que la proximité s'élargit *à mesure* que l'appropriation s'amplifie. Pour avoir pris acte de cette amplification et constaté que sous la tutelle de la loi-du-propre, les lointains avaient disparus de l'horizon humain, Nietzsche aura estimé de son devoir – ce fut sa « folie », frappée comme telle au coin de la plus vertigineuse des exigences éthiques – de *réinventer l'amour*. Car seule une réinvention de l'amour lui a semblé encore capable de redonner une demeure aux lointains congédiés, à la condition bien sûr d'imposer à cet acte qu'est l'amour d'accomplir vis-à-vis de l'être aimé *tout le contraire d'une appropriation et d'un rapprochement*.

1. N'est-ce pas là le message que cherchent à transmettre les sentiments d'humanité confiante et consensuelle d'un des plus réalisateurs les plus populaires de notre temps, Steven Spielberg, à travers deux de ses films ovationnés par le grand public à leur sortie : *Close Encounters of the Third Kind (Rencontres du troisième type)*, en 1977, et *E.T. : The Extra-Terrestrial (E.T., l'extra-terrestre)*, en 1982 ?

2. Cette application est *économique*. Elle est même, peut-être, l'économie *même*. Le capitalisme ne procède-t-il pas de l'élargissement de la proximité et de sa loi d'équivalence (loi d'économie générale) selon laquelle la proximité de A à B se paie immédiatement de la proximité de B à A ?

3. Cf. J. Derrida, *Marges – de la philosophie*, Paris, Minuit, 1972, p. 160.

Sans doute cette tentative héroïque et désespérée d'inverser une tendance écrasante et proprement imparable de la civilisation euro-occidentale se solda-t-elle par un cuisant échec. En plagiant l'auteur de *L'Antéchrist* qui disait : il n'y a jamais eu qu'un chrétien sur la terre et il est mort sur la croix, on pourrait parfaitement affirmer à propos de Nietzsche lui-même : il n'y a jamais eu ici-bas qu'un disciple de Zarathoustra et il s'est effondré sans retour en 1889. Et l'on serait tout aussi justifié d'ajouter que Nietzsche n'était pas sans s'en douter : au terme d'*Ainsi parlait Zarathoustra*, n'avait-il pas indiqué qu'à l'heure du grand Midi, le surhomme (*Übermensch*), incarné par Zarathoustra, avait abandonné l'homme supérieur (*höhere Mensch*) – Nietzsche ? – à sa solitude et à son désarroi, à cette détresse que l'incompréhension de ses contemporains et la misère de son temps n'avaient fait qu'accentuer, mais qu'il n'avait pas voulu le laisser à la rigueur de son sort sans lui jeter un dernier regard, un regard plein de pitié – Nietzsche dit bien *pitié* (« Pitié pour l'homme supérieur ! ») –, avant qu'il ne s'enfonce définitivement dans le secret de ces confins proprement inhumains qui l'éloigneront à tout jamais de cette proximité que partagent entre eux et défendent comme un trésor ceux que Nietzsche appelle « les derniers hommes »[1] ?

On l'aura sûrement compris : la loi-du-propre *aliène le lointain* en le soumettant à la nécessité d'une réappropriation ; ainsi assure-t-elle son *internement* dans la proximité. Mais plus le cercle s'élargit et plus s'y détruit l'accès à une véritable altérité. C'est à cette abolition-là que Nietzsche aura voulu dire *non*, fût-ce au prix des plus terrifiantes énormités, des plus malheureuses absurdités, en tout cas de la pire option intellectuelle et morale : l'exhortation à la cruauté. Son appel au « grand amour » aura cherché, dans une déchirante « contradiction », à briser la clôture de ce cercle en indexant l'amour de l'autre sur un principe de *séparation absolue*. À l'opposé de la *caritas* chrétienne qui tend la main au prochain et le

1. F. Nietzsche, *Ainsi parlait Zarathoustra*, IV, « Le signe », trad. cit., *Œuvres* II, *op. cit.*, p. 545.

rapproche de soi, le grand amour nietzschéen a désiré libérer l'autre de toute emprise, de toute mainmise, de toute appropriation, pour mieux le *rendre à son altérité inaliénable et irrécupérable.* C'est en quoi *aimer* aura signifié pour Nietzsche : soustraire l'autre à ce perpétuel mouvement d'appropriation et de réappropriation *à soi* qui, en lui assignant une ipséité donnée, ne fait que l'empêcher de *devenir* autre qu'il n'est. Qui le détourne donc de tout dépassement de soi et, ainsi, de toute autocréation dans la vie.

Car tel est *l'éloignement* dont le grand amour se voudrait responsable *devant l'autre*, au nom de la création de possibilités de vie nouvelles, qu'il est censé, pour la première fois peut-être dans l'histoire des hommes, assurer les « lointains » (ceux-là mêmes dont nous n'avons plus idée) de demeurer, sous sa loi, à jamais *inapprochables.*

Sans doute sommes-nous divisés par nos qualités distinctives – c'est là sûrement notre malheur –, mais pour le meilleur comme pour le pire nous demeurons liés les uns aux autres par cette même vie souffrante que nous avons, de fait, tous reçue en partage. Voilà pourquoi nous continuons d'être reliés par la grâce d'une *religio* dont l'universalité fonde à elle seule la vérité. Pour plagier Baudelaire qui disait : « Dieu est le seul être qui, pour régner, n'ait même pas besoin d'exister », on pourrait dire en l'occurrence : la compassion est la seule religion qui, pour régner, n'ait même pas besoin de la foi des croyants. Car elle cueille ses fidèles avant toute réflexion, et comme toute religion, elle leur tient le langage des origines. Seulement ces origines ne sont ni historiques ni même mythiques – sous l'empire de la compassion ne sommes-nous pas enfin sortis de l'Histoire avec sa grande hache[1] ? –, elles sont transcendantales, s'il est vrai qu'elles

1. Est-ce à dire qu'entre l'empire de la compassion et la fin de l'Histoire, la conséquence est bonne ? Je laisse la question ouverte dans la mesure où elle suppose que d'avoir décidé, dans un premier temps, du sens à donner à cette fameuse « fin de l'Histoire ». Il est fort probable que j'y revienne ailleurs, à une autre occasion.

se confondent avec cette condition de possibilité de leur être que l'on appelle tout simplement *la vie*. Au miroir de la vie, comment ce qui s'y reflète ne se présenterait-il pas comme le fruit de nos idées, de nos élucubrations, de nos caprices ? Aussi est-ce de cette « abstraction » que nous pourrons toujours faire abstraction en cas de coup dur – et revenir à « l'essentiel », c'est-à-dire à cette vie qui, dans son éternel appétit de vivre, dans son incessant besoin de soi, ne se prive jamais de demander de l'aider en appelant au secours.

Ce n'est que par son aptitude à compatir que l'humanité (catégorie descriptive et extensive) s'avère vraiment humaine (catégorie morale et intensive). Pourquoi ? Parce que tel est le phénomène de la compassion qu'il réalise l'alliance du propre et de l'étranger, qu'il mêle le singulier au pluriel, qu'il mesure l'Autre à l'aune du Même. Un assortiment que l'on a cru longtemps impossible parce que logiquement impossible, mais qui se fait pourtant chaque fois en vertu de ce que la vie est en son affectivité constitutive. Or, c'est cet assortiment que le christianisme a vite fait de promouvoir au nom du principe : « nous sommes tous un ». Aurait-il fabriqué par là même une nouvelle déclinaison de la « servitude volontaire » ? La vérité, c'est que l'unité de cette figure de l'Un qui s'est construite autour de la compassion et grâce à elle forme, au registre de l'imaginaire, un seul et même « corps » rassemblé autour de sa propre détresse, voire de ses propres méfaits. Nous sommes tous Un dans le Christ, or le Christ est ce Dieu qui a connu les affres de la Passion et qui est mort dans d'horribles souffrances. Notre unité a donc partie liée avec cette condition. Mais la compassion, fort heureusement, est une rédemption avant l'heure. Nous devons le savoir : pour peu que nous le voulions, nous serons à nous-mêmes une force conjuratoire. De même que nous serons pour nous-mêmes cette idéale victime propitiatoire dont l'unité du genre humain dépend de l'offrande sans cesse réitérée. Certes, il aura fallu pour cela que la compassion change non seulement d'aspect mais d'objet : ce ne devait plus être au seul *proche* de susciter la pitié, ni au mal le plus imminent, comme on peut le lire dans l'analyse d'Aristote ; ce qui méritait désormais soin et attention est le lointain, le très lointain, le plus lointain possible, ce qui revient à faire entrer le possible lui-même (au-delà du probable), y compris sous la figure de l'à peine envisageable, dans les limites de cette « éthique ». C'est qu'avec les proches nous ne saurions partager que des biens particuliers, semble-t-il, alors qu'avec la totalité des humains et des animaux, nous partageons de fait le bien le plus commun : la vie.

Sur cet horizon d'unanimité qui commande virtuellement l'unanimisme, sur cet effacement de toute ligne de partage se détache la plus importante doctrine de la compassion qui ait été élaborée au cours des Temps modernes, celle de Jean-Jacques Rousseau. Cet horizon marqué du sceau de l'universalité n'est-il pas celui qui se manifeste pour ainsi dire en toutes lettres dans cette phrase clé du Livre IV de l'*Émile* : « Pour empêcher la pitié de dégénérer en faiblesse [c'est-à-dire pour éviter qu'elle ne se transforme en l'opposé d'une vertu, la vertu étant définie par Rousseau comme "force et vigueur de l'âme"], il faut donc la généraliser, et l'étendre sur tout le genre humain[1] » ? On présume en effet, à lire ces lignes, pourquoi dorénavant ce n'est même plus envers le genre humain, mais envers « tout ce qui vit », que la compassion se prévaut d'avoir acquis le nom gratifiant de vertu, et pourquoi, en contrepartie, mais sans contradiction aucune, la compassion à l'égard des plus proches comme des peu nombreux est décrétée suspecte, partiale parce que partielle, mesquine parce que sectaire.

La mise en équation de l'amour de l'humanité et de la compassion commence sérieusement avec Rousseau, se poursuit avec Schopenhauer et s'accomplit enfin avec Max Scheler. Dans son ouvrage fondamental *Nature et formes de la sympathie*, dont la première édition date de 1913, Scheler montre en effet comment la sympathie en général – selon ses deux modalités : la participation à la souffrance que l'on appelle *pitié* et la participation à la joie d'autrui qui, elle, n'a pas de nom spécifique (ce qui en soi donne à penser) – « constitue la

1. J.-J. Rousseau, *Émile*, OC IV, p. 548.

condition nécessaire, indispensable, de l'amour de l'humanité »[1]. Pourtant, n'est-ce pas à l'ombre d'une telle nomination que l'on quitte résolument la sphère de la morale *stricto sensu* pour s'introduire dans un sanctuaire religieux – ou plutôt, pour le dire de façon plus exacte, dans l'arène de la politique religieuse ?

Car il ne fait pas le moindre doute que la substance de cette religion universelle en laquelle communie à présent tout le genre humain, à titre de sujet comme à titre d'objet, *est politique*. À la politique, à ce chaos d'opinions contradictoires réglé par « l'intérêt » du plus grand nombre, la compassion vient opportunément *donner forme*, et ce alors même que la politique, par la manipulation des émotions et autres manigances qu'elle ordonne pour son compte, déforme le rapport compassionnel, pour ne pas dire le vide de sa substance. Mais que veut dire : « donner forme » ? Ici cela veut dire *prescrire une fin*. Celle qui aura présidé à la naissance de l'État providence, de la charité sociale, de la solidarité publique, de la prophylaxie considérée comme un art de gouverner. Celle aussi qui aura coulé la dignité humaine dans le bronze de la philanthropie à visage humanitaire. En effet, sans l'universalisation du devoir d'empathie, aurait-on pu frapper au coin des évidences un concept aussi diffus (pour ne pas dire aussi confus) que la *politically correctness* ? Exigeant de tous la générosité *a priori*, surtout sous des espèces sonnantes et trébuchantes, la politique compassionnelle, si présente et contraignante aux quatre coins de la planète, cette politique *qui vaut pour tous et partout*, s'avère, en raison même de son tropisme pour le lointain, à condition du moins que ce lointain, on se l'approprie et donc qu'on le rapproche, aussi nostalgique que prophétique. Au nom de ce « progrès » dont elle mesure les avancées à l'intensification de la vénération que suscite auprès des hommes l'idole du Bien-Être, la

1. M. Scheler, *Nature et formes de la sympathie*, *op. cit.*, p. 142. En fait, la thèse de Max Scheler, si remarquable à maints égards, consiste à ramener la sympathie, cette « participation affective véritable », comme il l'appelle aussi, à une *fonction*. Pour Scheler, la sympathie n'est pas un « état affectif » – c'est pourquoi elle ne doit en aucun cas être confondue avec une quelconque « fusion » ou « identification » affectives –, elle est plutôt une *fonction affective*. Cette fonction a pour caractéristique d'être à la fois *intentionnelle* et *perceptuelle*.

politique compassionnelle ne cesse, il est vrai, de déplorer les nécessités douloureuses du passé et l'effrayante contingence du futur. En la conjecture consiste son éternelle conjoncture.

Et ce d'autant que cette utopie contemporaine (car cela reste, à maints égards, une utopie) soutient la virtualité de notre cyberespace dans son hégémonie si impossible à contester, en tirant elle-même profit de la globalisation du Capital et de l'occidentalisation des modes de penser. Avec l'appui de sa *nullibiété*, comme dirait l'évêque Wilkins repris par Borgès et Lacan, la voici à présent qui détrône sur toute la ligne, c'est-à-dire sur toutes les lignes de fracture qui ont fait l'histoire des hommes, l'histoire de leurs luttes, de leurs défaites et de leurs victoires, l'imagination, cette bonne vieille faculté de l'âge classique, dans le rôle jusque-là incontesté de « la folle du logis ». Que ce soit par le truchement de la Réparation ou par le biais de la Prévention, le génie tutélaire de la sollicitude compatissante dans son action idéologique tous azimuts rebaptisée *Care* par des zélatrices du maternage (sans doute que le mot de compassion a vieilli ou qu'il sent trop la sacristie et l'hospice) entend se rendre indispensable au tissage des générations – à leur raccommodage, pour être plus juste. Le soin compassionnel est l'anti-Parques par excellence : il nous force à oublier que le mal existe et qu'il rompt le fil de la vie avec toujours la même violence et la même indifférence.

Mais il y a un prix à payer pour jouir de cet heureux oubli, pour remiser les réalités au magasin des accessoires, et ce prix n'est pas autre chose que l'imprégnation de l'âme humaine par un insidieux mélange de peur et de ressentiment, fruit de la dernière métamorphose du surmoi. Pour dire : *Jouis !* l'intraitable surmoi se montre en effet toujours d'une grande habileté ; à notre époque, c'est derrière un féroce : *Compatis !* qu'il dissimule son visage peu amène, puisque c'est à cette injonction que nous sommes sommés d'obéir, ce complaisant mot d'ordre étant maintenant d'autant plus agréé partout et par tous qu'à force de se vouloir tel, à force de se réclamer d'une universalité facile, il a fini, divine surprise, par s'adresser de nulle part à personne.

Voilà bien où nous en sommes.

Au recto de cette médaille miraculeuse que nous nous épinglons volontiers sur la poitrine, à l'endroit du cœur, siège de tout sentiment, on reconnaît la frappe du système capitaliste, tout comme au verso l'effigie de l'alexandro-christianisme. Qui ne voit en effet que c'est envers le vivant tout entier qu'il incombe de se montrer compatissant, puisque c'est sa *vulnérabilité* même qui, sans faire acception de personne, se présente, en tout dernier ressort, comme digne de pitié ? Cette finitude du vivant, qui se détache notamment sur fond de mortalité, en tant qu'elle fonde l'universalité de l'injonction compassionnelle, nous a d'ailleurs pourvus d'une puissance nouvelle, celle de faire corps en une seule entité irréfragable, en ce « corps mystique » acéphale qui sacrifie aux mêmes rituels techno-médiatiques. Dans ce contexte, un homme – au demeurant animal doué de raison pouvant vivre en société par le seul fait qu'il lui incombe de faire usage de la parole –, un être parlant, donc, qui se trouverait placé dans une certaine situation où il se verrait aux prises avec la détresse et la souffrance de ses semblables et qui ferait preuve d'un manque de compassion à leur égard, s'exclurait d'office du jeu social, du monde des humains, peut-être même de la communauté des vivants.

Paria pour n'avoir pas volé au secours des parias, ou victime pour n'avoir pas voulu traiter les autres en victimes : tel est le châtiment du grand Autre de notre temps.

Étude complémentaire :
Le signifiant Sida

DANS SON *SÉMINAIRE*, en date du 7 mai 1969, Lacan faisait remarquer, comme à son habitude de façon elliptique et par là même énigmatique, que si nous vivons dans un temps où le « savoir » s'affirme dans sa séparation d'avec le « pouvoir » – au sens où, en effet, il faut de moins en moins (il faut même ne pas du tout) être en possession d'un savoir pour avoir le droit (la licence plutôt) d'exercer un pouvoir –, il n'en demeure pas moins qu'un lien étroit, un lien des plus fondamentaux existe entre la logique de l'*empire* et l'*inséparabilité* du savoir et du pouvoir. La logique de l'empire, suggère Lacan, c'est même en vérité cela : l'inséparabilité du savoir et du pouvoir[1]. Malheureusement, Lacan ne va pas jusqu'à développer ces remarques, et nous en sommes réduits à la conjecture que la logique de l'empire ne doit son renforcement qu'au rapprochement du pouvoir et du savoir, qui peuvent aller jusqu'à ne plus faire qu'un.

Or, à une époque, la nôtre, où le vaisseau fantôme des hécatombes humaines, des guerres et des génocides, a considérablement réduit sa voilure, il semble que ce qui a contribué le plus nettement à renforcer l'*empire de la compassion* à l'échelle planétaire, donc à en assurer l'extension en rapprochant justement le savoir (psychologique et moral) du

1. Cf. J. Lacan, *Séminaire XVI : De l'Autre à l'autre,* texte établi par J.-A. Miller, Paris, Seuil, 2006, p. 295 *sq*.

pouvoir (social et politique), c'est la façon dont l'épidémie du Sida, qui se sera signalée à la connaissance du public, pour la première fois, dans la peur et la stupeur généralisées, au cours de l'été 1981, a été « gérée » symboliquement – *principalement sur le plan des signifiants*. L'idéologie récemment promulguée du *Care*, qui nous vient là encore des États-Unis et qui paraît promise au plus bel avenir en raison même de son inefficacité sur le plan du réel, et de la déroute du politique dont elle est en vérité le symptôme, n'est peut-être (ce serait une hypothèse à travailler) que la dernière application en date de cette « gestion » symbolique.

Pour être liés à la sexualité humaine, la portée métaphorique et métonymique des signifiants à travers lesquels l'épidémie du Sida a été appréhendée d'emblée et le *savoir* que ces signifiants ont permis d'échafauder alors ne pouvaient que se montrer d'une ampleur saisissante, tant sur les plans psychologique et moral que sur les plans social et politique. À l'origine, en effet, le problème n'était pas que le mal qui s'était répandu depuis l'Afrique centrale et avait touché les quatre coins de la planète à une vitesse record était inconnu dans sa nature comme dans ses conséquences ; le problème était plutôt de savoir comment on allait s'y prendre pour symboliser pareil phénomène ? Car depuis que l'humanité existe, il y a toujours eu besoin de *contenir* cette forme de « jouissance » qu'est la souffrance humaine, et de la contenir *par la symbolisation*, par la constitution d'un *savoir* par où elle trouverait à se signifier, à entrer dans la sphère de la signification, elle qui, en son être affectif, ne se déploie jamais qu'à l'écart de tout sens intelligible, de tout *logos* articulé.

L'objet de ce court appendice sera de montrer que la façon dont le Sida a été symbolisé est une parfaite traduction de l'impérieuse – et « impériale » – levée du Surmoi compassionnel dans nos sociétés postmodernes.

♣

Pour Lacan, il appartient chaque fois à un signifiant particulier, appelé *signifiant-maître* (et noté par lui S1), d'identifier, de figer, de capturer le *sujet*, au sens où il « permet de dire : "Je suis ceci aux yeux de l'Autre" », mais aussi d'ordonner autour de lui un ensemble de signifiants articulés entre eux et constituant de cette manière un discours (désigné par S2)[1]. Ainsi, le signifiant-maître définit (au sens où il détermine et délimite) la *lisibilité* d'un savoir ; il est ce par quoi « quelque chose se répand dans le langage comme une traînée de poudre », ce grâce à quoi quelque chose « s'accroche », « fait discours »[2]. Mais le rapport des deux (le rapport de S1 et de S2) est des plus singuliers. En effet, aussi longtemps qu'il se tient isolé de la chaîne signifiante qui s'accroche à lui afin de s'articuler en un « discours », le signifiant-maître demeure un signifiant dépourvu de sens, car le sens, c'est ce qui ne lui vient que par rétroaction ; le sens naît de l'action qu'a sur le signifiant *premier* l'ensemble des signifiants auxquels ce signifiant premier assure la *consistance* en tant que discours, c'est-à-dire la cohérence en termes de sens. Autrement dit, le signifiant-maître tire son sens du discours dans lequel il prend corps et auquel il donne corps.

Pour Lacan, cependant, le terme de « discours » désigne un *lien social, fondé sur le langage*, et cela parce qu'il n'y a pas de rapports sociaux qui ne soient tout d'abord des rapports *signifiants*. Mais signifiants de quoi ? Ce dont le lien social est signifiant n'est pas autre chose que l'*Autre* avec un grand A, cet Autre que nous ne sommes pas mais qui ne cesse de nous déterminer au plan symbolique comme des *sujets* – des *supports* – du signifiant. Tel est en effet le « procès de la subjectivation » que le sujet, dit Lacan, a « à se constituer au lieu de l'Autre sous les espèces primaires du signifiant, et sur le donné de ce trésor du signifiant déjà constitué dans l'Autre, aussi essentiel à tout avènement de la vie humaine que tout ce que nous pouvons concevoir de l'*Umwelt* naturel »[3]. Mais ce procès implique deux choses au moins : premièrement, que le discours comme lien social fait dépendre sa signifiance de ce trésor du signifiant qui attend toujours déjà le sujet – pour autant que celui-ci n'existe qu'à se situer en lui et par rapport à lui –, et deuxièmement, que le savoir délivré par la chaîne signifiante n'est jamais sans constituer un rapport de *domination*, de la même façon que le pouvoir en société est toujours une affaire de signifiants.

1. Voir le commentaire de Jacques-Alain Miller, « Psychanalyse et société », Bruxelles, *Quarto* 83, janvier 2005, p. 6-17, et notamment p. 9, auquel le reste de notre analyse est d'ailleurs redevable.
2. J. Lacan, *Le Séminaire XVII : L'envers de la psychanalyse*, texte établi par J.-A. Miller, Paris, Seuil, 1991, p. 219.
3. J. Lacan, *Le Séminaire X : L'angoisse*, texte établi par J.-A. Miller, Paris, Seuil, 2004, p. 189.

Le « discours » du Sida relève-t-il de ce que Lacan conçoit en termes de « discours du maître » ? Celui-ci définit cette chaîne signifiante (S2) qui représente un sujet pour un autre signifiant, à savoir le signifiant-maître (S1). Or il semble que le discours du Sida participe plutôt de ce que Lacan appelle « le discours capitaliste » – ce par quoi il faut entendre le lien social qui présume que le sujet n'est représenté *a priori* par *aucun signifiant en particulier*. Le discours capitaliste est ainsi : parce que le signifiant représentatif du sujet est par principe « introuvable », le sujet, qui se manifeste grâce à lui, est à tout moment *libre de l'inventer*. Cette liberté d'invention est sans doute à l'origine de l'*irrépressible attrait* qu'exerce le capitalisme en tant que « système signifiant ». Le discours capitaliste attire dans la mesure où il est le discours de la libération du sujet par rapport à l'Autre, au champ de l'Autre, au trésor des signifiants. Ce n'est donc pas un hasard si son emblème est ce *self-made-man* dont il faudrait peut-être convenir qu'il est d'abord et avant tout un *man made self*, c'est-à-dire un homme qui se soutient de l'autonomie du moi, qui ne s'autorise que de lui-même, qui se donne à lui-même la loi de son comportement et qui donc, pour se désigner lui-même, n'a plus besoin – ou plutôt qui croit ne plus avoir besoin – de se régler sur le discours de l'Autre. Cela étant, le discours capitaliste n'est pas tout à fait un *autre* discours que le discours du maître : il est bien plutôt celui où s'illustre une multiplicité indéfinie de signifiants-maîtres. Si le capitalisme donne forme à notre monde, c'est pour autant que nous y subissons en permanence un déluge de signifiants-maîtres et que le pouvoir n'appartient plus qu'à ceux qui réussissent à les imposer à eux-mêmes comme aux autres[1].

Tel est le théâtre – l'espace peuplé de « semblants » – dans lequel ont évolué les personnages, identifiés ou anonymes, qui ont eu quelque

1. C'est sous de tels auspices que se présente le *monde démocratique*, monde dans lequel en effet il ne se dégage jamais de signifiant-maître ultime (ni premier, ni dernier). Ainsi que le remarque avec force J.-A. Miller : « Ce qu'on appelle la démocratie, et ce dont on fait un principe d'action et à l'occasion de guerre, c'est l'énoncé selon lequel il n'y a pas de signifiant-maître ultime, de telle sorte que la tolérance, valeur qui a été promue par le discours des Lumières, est en fait une intolérance au signifiant-maître absolu, l'invitation à supporter qu'il y ait d'autres valeurs. C'est ce qui met à la place de l'ennemi les versions de l'absolutisme : l'intégrisme, le fondamentalisme… Et la valeur qui émerge, c'est le relativisme, c'est-à-dire "tu ne vaux pas plus que l'autre" » (« Psychanalyse et société », *op. cit.*, p. 9).

chose à voir, de près ou de loin, avec l'*instauration du discours* du Sida. Évidemment, dire que le discours du Sida ne se comprend pas en dehors du discours capitaliste, cela ne suffit pas. Il faut encore épingler le signifiant-maître qui fonde et gouverne ce discours. C'est en effet à un certain signifiant-maître qu'il revient de fonder le *savoir* grâce auquel un symptôme quelconque arrive à être nommé et identifié comme tel ou tel[1]. La question est du coup la suivante : quelle fut la teneur du symptôme quand il est apparu dans les années 81-82 ?

À cette époque, ce que l'on a surtout voulu voir dans cette nouvelle maladie, ce sont certains traits « électifs », au premier rang desquels le fait qu'elle touchait exclusivement les homosexuels de sexe masculin. C'était bien sûr une erreur, puisque les homosexuels n'ont jamais été les seuls à être touchés par la maladie, mais cette erreur, construite à coup de données statistiques, a eu pour effet d'atteindre aussitôt le symptôme dans son *signifié*. Et cela tant et si bien que cette funeste erreur d'évaluation de la nature du mal demeure difficile à gommer trente ans après. Alors même que, dès le début des années 80, aucun spécialiste de la maladie n'ignorait qu'en Afrique centrale des hommes *et* des femmes en mourraient et qu'il n'y avait donc aucune raison de réduire les causes de la contamination au sexe ni à la sexualité de certains pratiquants, on a délibérément refusé d'en tenir compte. Que l'on n'y voie ni « complot », ni « manipulation » : *délibérément* veut dire ici *idéologiquement*, comme l'explique très bien Jacques Leibowitch[2]. Or, de cette imprégnation idéologique, quel fut le résultat le plus décisif ? Le résultat, ce fut que le signifiant-maître sous l'impulsion duquel devait se constituer un certain savoir a eu, pour ainsi

1. Par suite de cette identification, le symptôme peut parvenir à prendre la place que la « structure » lui destine depuis toujours, à savoir la place de l'objet *a*, selon l'appellation de Lacan. Ainsi, le symptôme apparaît comme cette *cause du désir* qui opère dans le fantasme au titre de ce que Lacan appelle le « plus-de-jouir » ; quant au savoir induit par le pouvoir du signifiant-maître, il se présente comme celui dans lequel le symptôme doit nécessairement s'articuler, se rendre intelligible.

2. Au Dr Jacques Leibowitch, l'un des pionniers de la recherche contre le Sida, auteur de *Un virus étrange venu d'ailleurs* (Paris, Grasset, 1984), je voudrais témoigner toute ma gratitude pour m'avoir fait part de son point de vue de spécialiste sur la question, et m'avoir fourni de précieuses informations que j'interpréterai, pour ma part, comme on le verra, en termes de « logique du signifiant ». Je le remercie vivement de m'avoir donné à lire quelques pages d'un livre de lui (à paraître) et de m'avoir ainsi éclairé sur l'idéologie compassionnelle qui entoure la communication des thérapies ayant trait au Sida.

dire dès le départ, partie liée avec la question de l'homosexualité ; ce fut donc que le mot « gay » servit de signifiant premier, identificateur, avant qu'il ne soit lui-même remplacé par d'autres.

S'il est vrai qu'un signifiant premier est toujours au fondement de la consistance d'un discours, alors nul ne saurait s'étonner que l'appellation de la maladie dans le champ du *savoir* en ait porté l'empreinte. Dans les universités américaines comme chez les épidémiologistes d'Atlanta, on va en effet commencer par la nommer GRID (*Gay Related Immune Deficiency*), et cela malgré les mises en gardes venues de chercheurs européens, stupéfaits de cette dénomination. De toute évidence, étant donné sa première lettre (G pour Gay), le sigle GRID avait pour fonction d'« essentialiser » la maladie : celle-ci *est* une maladie d'homosexuels, liée à l'homosexualité non pas en tant qu'elle est une affaire de « choix » ou de « goûts », mais en tant qu'elle est une affaire de *genre*. Tout le monde y trouvait son compte : bien sûr les conservateurs américains qui, à l'époque, n'étaient pas encore des néoconservateurs, mais aussi les libéraux, qui pensaient pouvoir mieux défendre les droits des minorités en les enracinant dans un terreau essentialiste. Car enfin, ce qui a pu assurer le succès de ce premier poinçon idéologique, c'est, en plus de l'incroyable homophobie qui a toujours régné dans la société américaine, le retour de bâton de la culpabilité puritaine une fois passées les frasques libertaires, pas gérées et mal digérées, des années 60-70. Qu'on s'en souvienne : on barbotait alors dans la moraline reaganienne, le discours était aux « valeurs » et à ce discours nul n'échappait. Et comme il arrive souvent dans ce genre de situation, ce discours a eu des effets inattendus. En effet, pouvait-on raisonnablement soutenir un « ordre moral » sans se montrer soi-même « humain » ? Et que pouvait vouloir dire « humain » sinon « compatissant » ? Voilà donc pourquoi, plutôt que de juger et de condamner, l'on va très vite se satisfaire de communier dans ce malheur et de porter secours aux victimes. Les coryphées d'Hollywood, porte-parole assermentés du discours dominant, nous invitèrent alors à « Philadelphia », ce mot-clé devenant par là même la métaphore pivot, la plaque tournante des nouveaux *sentiments* que l'on se devait de manifester, peu importent les *idées* que l'on pouvait avoir par ailleurs. Plutôt que d'exclure les « déviants », on va au contraire s'empresser de se rendre sensible à leur sort, et comme ce sort n'est rien de moins qu'injuste, immérité, révoltant, l'on va se préoccuper, suivant en cela la leçon aristotélicienne, de compatir à leurs malheurs. Comme le résume J. Leibowitch non sans humour : « Sur la foi d'une identification universaliste, le monde sexué dans son entier va s'identifier aux victimes du virus du Sida. Nous serons tous, un long moment dans l'histoire, des homosexuels séropositifs, comme on avait tous été jadis des "juifs allemands"... » Toutefois, c'est le vent de contestation contre l'appellation GRID, qui s'était levé aux États-Unis dans les rangs des militants des droits civiques comme des associations d'homosexuels, et cette révolte a eu pour effet de débaptiser la maladie. La neutralité médicale du terme *AIDS* se substitua à la stigmatisation morale du terme *GRID*.

Neutralité médicale, vraiment ?

Certes, pour avoir échoué à représenter un sujet, il est incontestable que le discours discriminant du GRID a rapidement disparu, avec son allusion sinistre à la grille de prison ou au grill de l'enfer (*grid*, en anglais), et qu'il a cédé la place à un autre discours, à un discours contraire, non pas discriminant mais intégratif, car à teneur *compassionnelle*. Désormais, en effet, le renversement prendrait acte du fait qu'il ne faudrait plus nommer la maladie sur la base de ceux qui sont présumés en être les victimes – ce terrain étant par trop miné –, mais en tablant sur tous ceux qui, de près ou de loin, sont susceptibles d'avoir un rapport à ces victimes. L'universalité devrait maintenant primer sur la particularité, comme la considération du bien recouvrir la désignation du mal.

Et pourtant, un effet pervers ne pouvait manquer de se produire. On l'a vu : si heureuse soit-elle, la substitution ne se serait sûrement pas réalisée aussi facilement si, déjà, chez les inventeurs du sigle honni, la visée essentialiste n'avait pas été appelée à reculer devant quelque chose de bien plus radical et donc, aussi, de bien plus décisif : le moralisme. Il est bien là, en effet, le socle commun des uns et des autres, des partisans comme des adversaires du sigle GRID. Il n'y a donc rien d'étonnant à ce que sur cette plate-forme occupée par les uns et par les autres, les frères ennemis de droite et de gauche se soient tout naturellement situés pour oublier leurs différences et allumer le calumet de la paix au feu de la *compassion*, puisque c'est à ce feu-là qu'ils se réchauffaient tous depuis toujours, certes chaque groupe de son côté et sans égard pour son contraire. Sans doute les arrière-pensées des uns s'opposaient-elles encore à celles des autres, mais il en résulta tout de même, au nom de la morale, une harmonie des points de vue : pour ne pas jeter explicitement l'opprobre sur *un certain type* de sexualité, l'on s'est entendu implicitement pour stigmatiser… la sexualité *en tant que telle*. C'était plus commode. Et d'autant plus commode qu'à ce jeu les gagnants ne seraient ni les conservateurs ni les libéraux : ce serait le sacro-saint *puritanisme*. Ce serait le puritanisme – éternel victorieux sous la bannière étoilée – qui mettrait en effet les uns et les autres au service de ce génie tutélaire des sociétés modernes que l'on peut bien appeler le *progressisme humanitaire*.

Bref, si l'on veut transformer politiquement le plomb en or, c'est-à-dire un conservateur en un libéral, il n'est rien de plus efficace, semble-t-il, que l'alliance du puritanisme et de cet humanitarisme compassionnel grâce à quoi il nous apparaît que nous sommes tous des frères. Voilà en tout cas comment les anciens compétiteurs se sont réunis en conclave pour annoncer *urbi et orbi* la création d'un nouveau sigle portant l'empreinte de cette alliance – on devrait dire de cet alliage bénéfique. Sous la double impulsion des réactionnaires et des progressistes, GRID s'est effacé devant AIDS, acronyme pour *Acquired Immune Deficiecy Syndrom*.

Il est vrai qu'en apparence ce nouveau sigle n'avait plus rien de discriminant comme l'était ouvertement le précédent, qu'il répondait parfaitement aux exigences de la *politically correctness* tout en réussissant à *représenter* un sujet, porteur comme tel du symptôme. Mais l'important n'était pas vraiment là. Car ce qui comptait le plus, c'était que l'*euphonie intentionnelle* du sigle permettait d'en faire un emblème efficace de l'idéologie compassionnelle, un symbole de ce « nouvel ordre moral », fruit des noces du puritanisme et de l'humanitarisme, dont on pouvait déjà présumer qu'il n'avait attendu que l'émergence d'un « fait social total » tel que le Sida, pour se mettre en place à une échelle universelle.

Au sujet du sigle AIDS accepté par tous au nom de la morale commune, Jacques Leibowitch souligne qu'il fut alors établi en écartant de la cérémonie de baptême les *scientifiques*, les seuls pourtant à pouvoir se dire légitimement au fait de la nature du virus ! Et le chercheur de préciser : le « A » de AIDS, qui signifie *Acquired*, « n'ajoute aucune information savante » ; il est là « seulement pour la rythmique ». Pour ma part, je dirai la chose autrement : la lettre « A » n'est pas tant là pour la rythmique que pour *la gloire du signifiant, c'est-à-dire pour ne pas signaler un quelconque signifié*. C'est cela qui explique d'après moi que l'on ait pris un soin tout particulier à ne pas demander aux savants leur avis. Ces derniers n'ont-ils pas l'éternelle faiblesse d'être obsédés par « le référent » ? Or, ici, l'enjeu, le véritable enjeu consistait à forger un signifiant capable d'escamoter le référent, cet escamotage étant la seule garantie de fabriquer du pouvoir avec du savoir, comme cherche à le faire toute institution qui fonde son magistère sur une visée morale.

En remplaçant GRID par AIDS, qu'a-t-on fait par conséquent ? Ou plutôt, puisqu'il s'agissait de mettre en œuvre l'articulation d'un discours, qu'a-t-on dit exactement ? Certes, l'on a dit que la maladie n'est pas « congénitale » aux homosexuels, qu'elle est quelque chose d'« acquis » (sous-entendu : à la faveur négative de ces mœurs sexuelles qu'il vaudrait mieux prohiber), mais qui ne voit, par ailleurs, le présupposé que cette proposition recèle ? Qui ne voit que l'on a changé entre-temps de discours, ou de braquet dans le discours ?

Du discours stigmatisant la nature homosexuelle du « fléau » l'on est passé à un autre discours régi par un autre signifiant, un signifiant dont l'élection reposait sur le fait qu'il représentait la nature non plus sexuelle mais *compassionnelle* du « fléau ». C'est par ce biais seulement que l'on est parvenu à inverser le négatif en positif, le couloir des condamnés en lieu de miséricorde, l'annonce du châtiment en promesse de salut[1]. Et c'est ainsi que dans l'acronyme AIDS – inintelligible sur le plan scientifique –, ce qu'il importait de bien faire entendre, c'était l'anglais *AID* ou le français *AIDE* – l'appel à l'aide, le venir en aide, le demander et le porter secours ou assistance, mais aussi le soin médical,

1. C'est au cours de ces années 80 que Jean Baudrillard a rencontré un certain succès, surtout par voie de presse, en dressant, avec une ironique apocalyptique qui n'était pas sans rappeler certaines fulminations millénaristes, le tableau de la société contemporaine comme étant porteuse d'un certain « crime parfait » – un crime consistant à vouloir *éliminer le Mal* aussi bien dans ses causes que dans ses effets, à croire que l'on pouvait le faire et que l'on devait mettre tout en œuvre pour y arriver effectivement. C'est que, disait-il, sur le plan de « l'hyperréalité » qui est celui sur lequel nous nous mouvons désormais, sur ce plan où s'instaure le règne des simulacres et de la virtualité, le « dépassement de la métaphysique » prôné par plus d'un philosophe comme la marque la plus caractéristique de l'époque (cf. Heidegger) ne s'y accomplit que sous les traits de « l'extermination du Mal » en tant précisément qu'entité métaphysique…

l'entraide, la solidarité[1] – soit tout ce qui définit ce *Care* dont on fait grand bruit aujourd'hui.

Autre avantage de la substitution signifiante : grâce à ce changement de discours, l'on est arrivé à passer du nombreux (les « gays ») au *très* nombreux, voire à l'*innombrable* (tous les hommes et toutes les femmes) – le nouveau discours du Sida reposant sur le socle formé par cette affirmation : parce que nous sommes, tous autant que nous sommes, les hommes et les femmes, les homosexuels et les hétérosexuels, susceptibles d'être contaminés par le virus, nous sommes aussi bien susceptibles d'appeler les autres au secours et de recevoir leur aide en retour.

Seulement toute médaille a son revers et c'est pourquoi, à l'arrière-plan de ce changement de signifiant identificateur – et nous sommes là encore, je le précise, à une époque où la trithérapie n'avait pas encore été découverte –, on trouve la conviction terrible, à la fois fausse et diabolique, que cette maladie est incurable – si incurable en tout cas que la seule chose que l'on puisse encore faire positivement est de *compatir* aux malheurs de ceux qui l'ont contractée. Car tant que l'on n'a pas trouvé le médicament qui, sinon abolit, du moins recule l'issue fatale, le « remède », le seul « remède » que l'on puisse invoquer ne peut être que le soutien physique et moral que l'on devrait, si l'on était « humain », apporter aux malades. Ainsi, toujours sur le seul plan des signifiants, si la maladie est mortelle et que le seul « remède » qui existe est cette *aide* que le malade est en droit de réclamer d'autrui, l'appellation de la maladie – qui se confond phonétiquement avec « AID » – a ceci de particulier qu'elle est en même temps le nom de son « remède ».

Caractéristique de cette situation, au cours des années 82-87 où l'on désespérait encore de trouver un médicament capable de stopper la progression de la maladie (ce désespoir a heureusement quelque peu

1. On peut aussi souligner que le choix de l'acronyme AIDS est contemporain de l'élection du signifiant AID comme dénominateur commun des actions de *charity business* dans la première moitié des années 80. En effet, BAND AID fut le nom du groupe anglo-saxon créé en 1984 à l'initiative de Bob Geldof et Midge Ure, groupe chargé de venir en aide aux victimes de la famine en Éthiopie. LIVE AID fut le nom donné au « méga-concert » à vocation humanitaire et organisé par les fondateurs de BAND AID, qui eut lieu le 13 juillet 1985, simultanément au Wembley Stadium de Londres et au John F. Kennedy Stadium de Philadelphie. Il a été dit que 1,5 milliard de personnes a suivi ce concert quand il fut diffusé à la télévision dans plus de cent pays différents.

disparu aujourd'hui) : la dénomination des *premiers traitements* donnés aux patients que l'on savait condamnés. On les a appelés : *compassionate use of drugs*. Tel est, sur fond de compassion[1], le label réglementaire sous lequel on a administré les tout premiers médicaments dont on savait pourtant qu'ils n'avaient aucune efficace. Il faut se souvenir qu'en ce temps-là, personne n'ignorait que le bénéfice en serait nul, mais ce qui l'emportait alors c'était le besoin impérieux de faire naître un *couple de sentiments*, seul à même de nourrir l'ogre compassionnel qui avait pris le pouvoir dans l'enclos de notre bonne vieille conscience occidentale. Le premier sentiment était que le malade n'était pas abandonné à son terrible sort, qu'il était bel et bien pris en charge par l'ange de la guérison, c'est-à-dire, en fait, non pas par la médecine, passablement impuissante à l'époque, mais par la société généreuse et bienveillante tout entière, cette société dont le malade faisait partie et qui était elle-même potentiellement exposée au mal dont il souffrait. Le deuxième sentiment était que cette société qui prenait soin de lui était bien aussi bienveillante et généreuse qu'elle se devait de l'être dans son principe, depuis que la compassion était devenue le seul véritable ciment du lien social, le signifiant-maître du discours dominant.

1. Aux États-Unis, il est de coutume de brandir l'épithète *compassionate* comme un drapeau blanc. C'est un visa qui permet de lever toutes les barrières ; c'est le sésame réclamé pour entrer dans la carrière politique ou dans le monde des affaires ; c'est une estampille indispensable pour qui souhaite se faire accepter de la société tout entière. Voici, bien sûr parmi des millions d'autres, un exemple récent des plus éloquents. Il s'agit de la manière dont Sarah Palin, la colistière du candidat républicain à l'élection présidentielle américaine du 4 novembre 2008, John McCain, a conclu son discours d'investiture prononcé le 3 septembre 2008 à la *Republican National Convention* qui s'est tenue à St Paul (Minnesota) : « *To the most powerful office on earth, he [John McCain] would bring the compassion that comes from having once been powerless, the wisdom that comes even to the captives, by the grace of God, the special confidence of those who have seen evil, and seen how evil is overcome.* » Cette phrase à tant d'égards *hénaurme* comme aurait dit Flaubert, sous-entend en effet que pour remplir adéquatement « la fonction la plus puissante du monde » (*sic*), la vertu de compassion – celle, précise l'orateur, qui viendrait de ce que l'on aurait été une fois privé de tout pouvoir (re-*sic*) – doit passer *avant la sagesse même* (celle que l'on obtiendrait par la seule grâce de Dieu) et aussi avant *l'assurance en soi* (celle qui résulterait de la connaissance que l'on aurait de la différence entre le bien et le mal). (Il va de soi que l'on a sûrement entendu un équivalent de ces propos du côté du tandem victorieux, Barack Obama et Joe Biden.)

Du même auteur

Le Regard libéré d'Eugène Leroy
Galerie de France, 2010.

Jubilations
Christian Bourgois Éditeur,
coll. «Titres », 2009.

Rousseau : une philosophie de l'âme
Verdier,
coll. « Verdier/poche », 2008.

Je me suis toujours été un autre. Le paradis de Romain Gary
Christian Bourgois Éditeur, 2007.

Michel Henry. Une trajectoire philosophique
Les Belles Lettres,
coll. « Figures du savoir », 2006.

La Fin de l'impossible. Deux ou trois choses que je sais de Gary
Christian Bourgois Éditeur, 2005.

Créer
Encre Marine, 2005.
Nouvelle édition entièrement refondue, Verdier,
coll. « Verdier/poche », 2010.

Où je suis. Topique du corps et de l'esprit
Encre Marine, 2004.

L'Ivresse de l'art. Nietzsche et l'esthétique
Le Livre de Poche,
coll. « Biblio Essais », 2003.

L'Europe et son fantôme
Léo Scheer,
coll. « Manifeste », 2003.

Crucifixion
Encre marine, 2001.

L'Éthique mise à nu par ses paradoxes, même
Presses universitaires de France,
coll. « Perspectives critiques », 2000.

Supériorité de l'éthique
Première édition, Presses universitaire de France,
coll. « Perspectives critiques », 1999.
Deuxième édition, revue et corrigée, Presses universitaires de France,
coll. « Quadrige », 2000.
Édition définitive, remaniée et augmentée, Flammarion,
coll. « Champs », 2007.

Rousseau, éthique et passion
Presses universitaires de France,
coll. « Perspectives critiques », 1997.

L'Autorité de la pensée
Presses universitaires de France,
coll. « Perspectives critiques », 1997.

Achevé d'imprimer en mars 2011
sur les presses de l'imprimerie Chirat
42540 St-Just-La-Pendue,
pour le compte des Éditions Les Belles Lettres
collection « encre marine »
selon une maquette fournie par leurs soins.
Dépôt légal : mars 2011
ISBN : 978-2-35088-039-6